日本古代史の誕生・九州王国の真実

荒木信道

新潮社
図書編集室

豊かな恵み源流が菊池水源（撮影／著者）
水徳は多くが潤う

木造毘沙門天立像（熊本・明言院）　日羅上人作

聖観世音菩薩（三岳・観音堂）　聖徳太子作
『河内町史 通史編 上』1991年、より

棚田と国宝・通潤橋
令和5年度に石橋として日本で初めて国宝に指定された。
（撮影／村上憲雄。熊本県山都町役場提供）

日本古代史の誕生・九州王国の真実

目次

カバー写真　著者
装幀　新潮社装幀室

日本古代史の誕生・九州王国の真実

図版作成／森杉昌之、Mog

第一章　日本古代史のはじまり

日本列島の豊かな自然の中で豊かな心を持っていた原日本人、縄文人の特徴は争いをしないことであった。縄文時代はお互いの共生を尊重して、平和が続いたと云われる。狩猟や採集生活の中で一番、彼らが大切にしたもの、それはお互いの共存であった。縄文時代の石笛が出土する。彼らは石笛を吹き、その呼吸と自然が共感する音をもって共生を確かめた。自然の呼吸は天体、山、川、土さらに風であった。

弥生時代になると、中國*大陸の渡来人が稲作文化、潜水漁法を伝えたとある。稲作文化は多くの人々の共同作業を必要とする。そこで集落が生まれ、統率をする者が必要となる。

*國と国の違いは、海外國と日本国として表記。

同じ祖先を持つ血縁集団の氏族を形成していき、彼らが階級、身分を持つ社会を生み出したのである。

その後、強力な氏族集団が出現し、百余国の倭国はやがて三十余国までに統合された。

この統合の主たる者が大陸から渡来してきた中國皇族の末裔たちであった。

熊本県菊池市・山鹿市の原野は縄文・弥生時代には「茂賀の浦」と云う、古代湖の中にあったと伝える。

紀元前五世紀、稲作・養蚕技術や銅剣、銅鉾、銅鏡を持って、菊鹿平野にやって来たのが中國・呉王夫差の子・公子忌《こうしき》である。

彼らは風光明媚な臺《うてな》台地に集落を築いた。そこに邪馬台の礎を築き、彼らの末裔、女王卑弥呼に続く天族が国を統治していった。

倭国の使節が中國の皇帝に上奏した折、「われわれ倭人は自ら太伯の後裔という」が中國史書の『魏略』に記載されている。

夏・殷・商と蜀王朝は四〇〇〇年以上前から、中國にあった古代王朝で、それに続くのが周である。

中國、呉の太伯は「周王朝」の家系を継ぐ、呉の國を築いた人物であり、今の揚子江南地域の蘇州に都があった。

この周太伯を祖とする呉王の夫差は「臥薪嘗胆《がしんしょうたん》」の故事で知られる人物で、越王の勾践に敗れ、呉國《ウコク》は滅びた。紀元前四七三年のことである。

この呉國の支庶王族たちや多くの亡國の民、官人及び技術者たちが倭国に安住の地を求めて渡来してきた。その際に、青銅器、文字、稲作文化がもたらされた。彼らは九州全域に住み着いた。

紀元前七七〇年から紀元前二二一年を春秋戦國時代という。その時代に中國覇者を獲得していたのが周の天子である。春秋覇とは斉の桓公、晋の文公、宋の襄公、秦の穆公や揚子江流域の楚の荘公、呉の闔閭《こうりょ》（夫差の父）、越の勾践《こうせん》であった。

倭国（九州）の石棺による埋葬や方墳、円墳、前方後円墳の造営技術。装飾古墳も彼らの渡来遺産の象徴物である。全国の装飾横穴墓は六割が熊本県にあり、そのうち八割が肥後の菊池川流域に存在している。

朝鮮の史書『東国通鑑』にも呉王支庶は東海に入って倭人となると記されている。

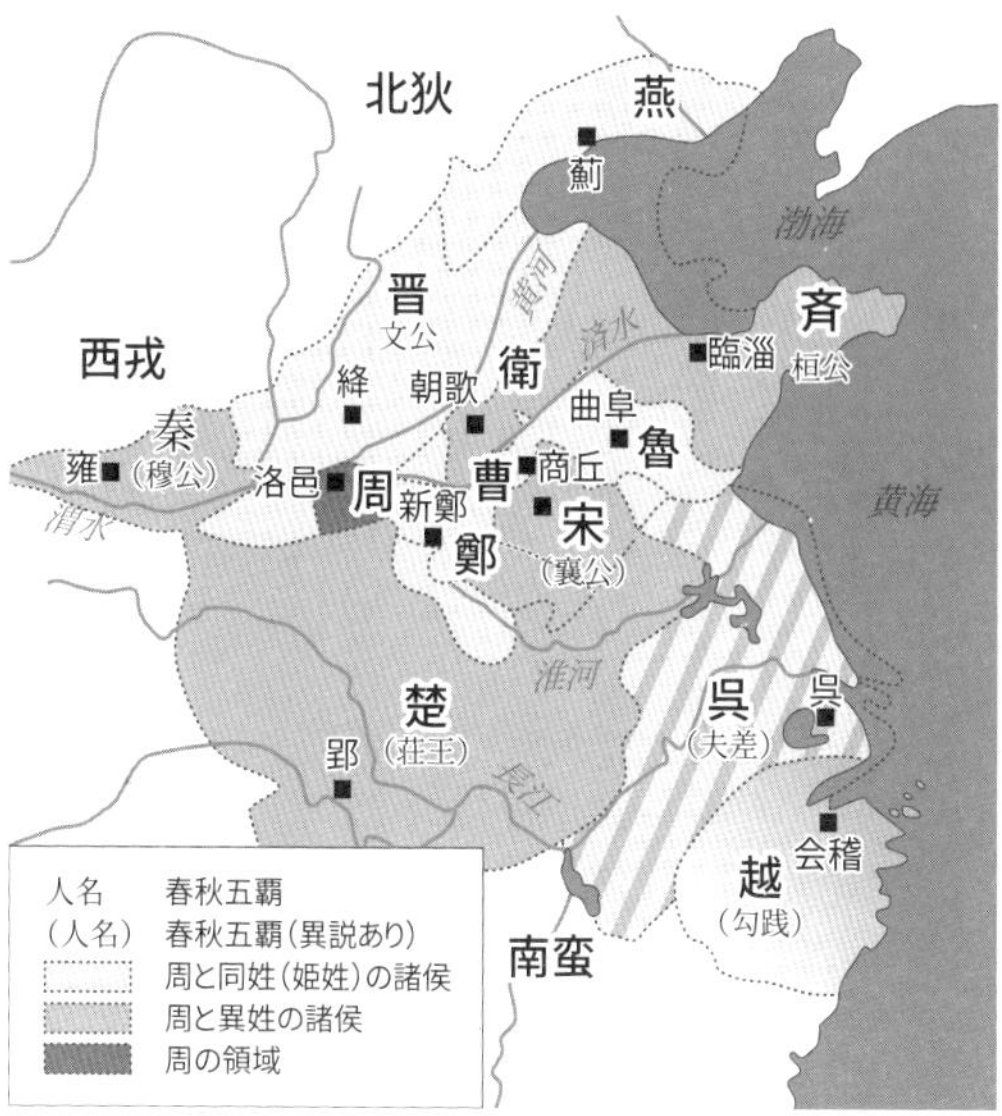

周王朝

呉國の移住者は、倭国に於いて稲作や養蚕と酒造、銅剣や銅鏡を持ち、土器や古代暦も作っていた。

菊鹿の臺（台）城ノ上遺跡から籾痕《もみこん》（ジャポニカ種）のついた野田部式土器が出土している。この籾は揚子江下流域を原産地とするジャポニカ米種だとされている。

九州王国では呉王の銅剣に見る如く、すでに文字を使用していた証跡があり、太伯（呉）の後裔は九州王（地王）の創成者として、尊敬されるべき十分な資格を持って渡来してきたのである。*

紀元三世紀に卑弥呼女王の使者が中國へ上表文を持参したのも、倭国にはそれ以前、すでに文字文化が伝わっていたのである。

倭の五王、中國漢宋時代との交流を待つまでもなく、呉國の渡来人たちは早くから中國長江の江南地域の文字を九州の地に伝播させ、すでに民衆生活に沁みついていたと考えられる。地方に伝わる「神代文字」、それらを参考に『帝紀』『旧事本記』がつくられ、『古事記』や『日本書紀』『続日本紀』が編纂されたと伝わる。『古事記』は九州王国で作成された「ふることとふみ」であると考えられる。

平安弘仁年の『新撰姓氏録』や『右京諸蕃』の部にも、肥後国松野連は「呉王大差の末裔より出づる也」とある。家系に伝わる「松野連《倭王》系図」にもそれが記され、郷土史家・平野雅曠氏の『火ノ国山門《やまと》』には、熊本（肥後）菊池の台《うてな》遺跡に安住したとある。

熊本県菊池川流域が日本最初の邪馬臺国《やまたいこく》、卑弥呼の女王国ではなかったろうか。台台地は臺台地と書き、《うてな》と読み、これが邪馬台国や邪馬臺国と呼ばれていた。＊

＊郷土史家の中原英氏

＊『卑弥呼の陵墓　江田船山古墳の真実』荒木信道

第二章　九州王国の歴史と文化

九州王国の神話と伝説を解く鍵は『古事記』『日本書紀』や『風土記』にある。

倭国王権（九州）、邪馬臺国などの古代王朝を、近畿王権自らの万系一世として、無理矢理に結び付け、記述した意図が窺える。それらが延々と正当化され続けて、問題視されていない。

邪馬臺国を王宮とする連合国の女王卑弥呼の使いやその後の使節が中國の帝王に会見した折、その使者は「倭人は呉の太伯の子孫である」と伝え、奏上文を献上して、驚かせたとある。東海の島「倭国」の者が、遥か以前に、中國揚子江南流域で栄えた呉國の帝王の祖と、述べたからであった。

倭人が文献に初見されるのは古越國（ベトナム）である。薬草に詳しい倭人（背の低い人）が〝古越の王に不老長寿の薬草、チョー草を献上した〟とされている。

チョー草とはウコン草のことで、沖縄や奄美大島などで今も盛んに栽培されている。

この呉國の王族や支庶、官人及び技術者たちが渡来し、平生の交流により知りえた倭人の島々に安住の地を求め移住してきて、青銅器・銅鏡や銅鉾、文字や養蚕・稲作文化をもたらしたとされる。

平田篤胤*著の『神字日文傳』や欽明帝記の本註に、『帝王本紀多有古字云傳』に倭国で神代文字の真書と草書が存在したとある。真書を『肥人書』。草書を『薩人書』として論じていた。

對馬国卜部阿比留氏傳の日文、出雲国大社所傳日文や阿波国大宮傳の文字もこれらの奥書の証として存在する。

＊平田篤胤（国学者・神道家・医者）

『帝紀』に記された『肥人書』五巻と『薩人書』がある。『日本書紀通證』の中に《大蔵省御書中有二肥人ノ字六七枚許一、其字皆用二假名一、或は其字、「乃川」等字明見レ之》とある。

次に、『冷泉家ノ書籍目録』ニ、《肥人書五巻トセラレタリ、大蔵省ノ六七枚ノ蔵書ノ中ニ有之。肥人書トハ肥ノ国人ノ書也。薩人書トイヘル物アリ、是モ肥人書ノ類ニシテ、薩摩国ノ用ヒシ書體ナルヨシイヒ傳ヘヌ、サレバ是モ亦我国ノ書ノ一體ナルベシ》とある。

新井白石は同文通考に記して、薩人書も肥人書の累なるべしと論ずる。

『釈日本紀』に「肥人書とあるは、今傳ふる神字の草書を肥人の書ける也。「乃川《のごう》」は此書に著し傳ふる字等にて、肥後国・幣立神宮の神代文字も皇国字に似たる神字の草書を肥国人の書けること疑いなく候」とある。*

＊『地球の隠れ宮 一万五千年のメッセージ』幣立神宮宮司・春木伸哉、江本勝

肥後伊倉郷の「乃川」地名は湯乃川、五社乃川、反段乃川、姫乃川、殿乃川、宮乃川、八

青木磨崖梵字
熊野座神社　撮影／著者

竜乃川、櫻井乃川、城足乃川、堀乃川、白木乃川、清正乃川、雲取乃川である。十三名の乃川と傳うるに、乃川とは泉水が湧く場所の由来とある。

全国に補陀羅渡海碑があり、熊本県玉名市には二基ある。肥後国の高瀬・伊倉は遣隋使や遣唐使、高僧が出発した古代港である。

熊本県玉名市青木の熊野座神社の境内には三蔵法師「善無畏《ぜむい》」が創設したとされる阿弥陀三蔵寺があった。その奥に阿蘇凝灰岩の崖石があり、阿弥陀三尊、倶利加羅《くりから》竜王《りゅうおう》、剣不動明王の他に、十三梵字が刻まれている。

梵字とは種子とも云い、一字で仏を顕すとされる。三蔵とは仏教用語で律蔵・経蔵・論蔵の三蔵を会得した僧侶の尊称である。

唐僧の三蔵法師が刻印した青木磨崖梵字がある。開元二三年（七三五）に三蔵法師の善無畏法師は九九歳、中國に帰り、洛陽で崩御した。*

＊『玉名市歴史ガイドブック ふるさと文化財探訪 改訂版』玉名市教育委員会

紀元前五世紀の九州はすでに、東西・南北に渡来人たちが住み着き、そこに住んでいた原住民たちと共に新しい集落をつくりながら、九州の各地に王国を築いていったのである。

稲作・養蚕文化、食飲文化、青銅・製鉄文化、文字文化、宗教文化、古墳文化が九州王国にいち早くもたらされた。

第三章　阿蘇の古代史と倭大王家

阿蘇が噴火を止めたのが、約二万八千年前と云われている。

九州で中央火山帯の活動が始まり、阿蘇の五岳が形成され、世界一の巨大カルデラとして残った。

『古事記』で天照大神が高天原で天の岩屋戸に隠れ、孫の瓊瓊杵尊《ににぎのみこと》が久住山（クジフル岳）に天孫降臨した太古。阿蘇の大噴火で太陽が隠れ、手力男命《たじからおのみこと》が岩戸を投げ、長野県の戸隠郷に落ちたとの伝説があり、阿蘇大噴火の大きさを示している。

太陽が隠れたのは太古の阿蘇山の噴火で太陽の光が遮られたことを示し、岩戸が長野の戸隠に落ちたのも阿蘇の大噴火が中部地方まで降灰したことを表している。

紀元前五世紀の弥生初期から稲作が始まった。熊本県菊池郡大津町のワクド遺跡から籾痕を持つ弥生土器が発見され、また防禦性の高地集落、西弥護免遺跡からは三〇〇点の鉄器（鏃）も出土している。

阿蘇王朝の文化に乙姫伝説と桃の種の昔話がある。阿蘇には乙姫の地名があり、羽衣（乙姫）伝説が残っている。

黄桃は中國では世界を表す果物である。邪馬臺国の女王卑弥呼やトヨは道教の訓え、鬼道を行った際に、多くの桃を祭壇に供えた。奈良県の宮殿跡から桃の種が出ているが、阿蘇の中通古代墓や乙姫遺跡からも多数出土している。阿蘇王朝の大倭王家（南倭人）も桃を尊重する中國源流の文化を持っていた。*

*『熊本の歴史と文化』勇知之

阿蘇の古代陵墓からも鯰《なまず》の土器が見つかり、菊池郡旭志村の水神には表が乙姫、裏が鯰の石像がある。中國遼東半島には東鯰人がいて、鯰を祭壇に祀る慣わしがある。

『隋書』俀国《たいこく》伝に〝阿蘇山有り、其の石、故無くして火起り、天に接する者、俗以て異と為し、因って禱祭を行ふ、如意宝珠有り、其の色青く、大いさ鶏卵の如く、夜は則ち光有り、云う魚の眼精なり〟とある。アジア大陸の國々にもすでに阿蘇山の地名が知られていた。

二～三世紀の邪馬臺国と同時代。九州には平塚川添（朝倉市）、吉野ヶ里（神埼市）、臺台（菊池市）、方保田（山鹿市）など、国史跡に比する大規模な環濠集落があった。

阿蘇の特産は乙姫の明神山ベンガラ（阿曾黄土）で、その埋蔵量は一〇〇トンと云われている。生命の赤土として、魔除けや古墳内に塗る形で使用された。『旧約聖書』に〝鉄は赤土より採る〟とある。

阿蘇の神話は多くの謎に包まれている。日本の下り宮で有名な阿蘇蘇陽町『草部吉見神社の考誌』で、甲斐サエコ女史（阿蘇家忠臣の甲斐宗運末裔）は、神武帝が高千穂で吾平津姫《あいらつひめ》と結ばれて、乙姫（トヨ）を産んだとされる。宮崎県日南市油津に吾平津神社がある。

印度國（インド）の貴明王と神武帝の姉（稲日命）との間に生まれた長女が日御子命（ヒミ

草部吉見神社
撮影／著者

コ）で次女が彌比祥命（イヨ）とされ、邪馬台国の発祥が阿蘇周辺であることを物語っている。

草部吉見神社の祭神は日子八井《ひこやいの》命《みこと》で日御子命（卑弥呼）と結婚し、阿蘇津姫命を生んだ。阿蘇津姫命は神武帝の孫・健岩立命（建磐龍命）と結ばれた。

その子が宇志《ウシ》ミカ君とも云われている。大倭の王は瓊瓊杵尊で別名・日子火火出見命と云い、火の中から生まれたとされる。

長子が鵜葺草葺不合尊《うがやふきあえずのみこと》（宇志王）で、別名ウシ王（汗斯王）と云った。

菊鹿の臺台地には吾平トビカズラ、吾平御陵があり、ミササギ（陵）さんと呼ばれていて、吾平《あいら》神社がある。

『日本書紀』の神代記に「久しくして　彦波限建鵜葺草葺不合尊　西州の宮に崩りましぬ。因りて　日向の吾平山土陵に葬りまつる」とある。この地を菊鹿、吾平郷の日向《ひむき》と云い、天岩戸の岩隠遺跡（乙姫像）がある。

因りて、「宮崎の日向でなく」、肥後の日向にはミササギ御陵があり、隣接した阿蘇麓に日子火火出見命（山幸彦）がいた。

『播磨風土記』に、宇治天皇は菟道稚郎子《うじのわきいらつこ》で、阿蘇の宇志王を祖とするとある。九州の倭王家の大王が阿蘇君だったことになる。阿蘇系図によれば、西暦六八九年に第八代宇治部角足（阿蘇評督）は宇治宿禰王になった。

この頃、八代の不知火郷には火の君がいたとある。

『肥後国誌』に、国造神宮《くにつくりじんぐう》（北宮）は阿蘇速瓶玉命岩陰の処也、故に神塚と云う。阿蘇の国造神宮は神宮の発祥地で、阿蘇国造の本宮とある。二三〇〇年の歴史があり境内には速瓶玉命が植えた手野の大杉の切り株がある。阿蘇手野の巨大な石室を持つ長目塚古墳は速瓶玉命の御陵である。

西暦六〇七年、随の使者裴世清は遣隋使小野妹子に従い〝阿蘇の麓にある倭国に来て、筑紫御井より東へ。俀王（臺王）・阿毎《あめ》、多利思北孤の都（秦王国）に行ったと伝える。

臺城の台跡に聖徳太子の宮、斑鳩《いかるが》が存在し、日出る処の天子、日沈む処の天子、書簡も、この麹池城の台地で詠んだものであろう。全九州が見渡せる八方ヶ岳や宮乃尾の国見山が存在する。

第四章　九州王権を育んだ大河流域

紀元前四七三年に稲作技術や養蚕、青銅・製鉄技術を持ってやってきたのが、呉王夫差の子「公子忌」であった。

郷土史家の平野雅曠は「火ノ国山門」が菊池の臺台地であったとしている。そこには朝来《あさく》名《な》、神来《おとぎ》、来民《くたみ》の地名があり、麴池城の米原長者や玉杵名の疋野長者と重なり、今も語り継がれている。

松野連《倭王》系図*では次のようになる。

＊国会図書館蔵

この系図から、九州王権を成した初代の古代豪族は松野連であった。その倭王家系図に見られる、女王・卑弥呼や倭の五王「讃・珍・済・興・武」の本拠地はここ邪馬臺の台地ではなかったか。菊鹿郷の松尾神社は酒の神様として、信仰を集めてきた。松野氏の基盤の地域でもあった。九州全域に倭王家が配置、移動していった。

『古事記』の仲哀帝や神功王后の記述を読むと、熊襲は筑前の橿日宮に滞在中の帝や王后を襲い仲哀は殉死したとある。そのような状況下で補佐していたのが武内宿禰尊と荒木田襲津彦命である。筑前香椎宮に仲哀帝の御陵がある。

松野連《倭王》系図

呉王 夫差（孝昭天皇三年来朝 住火国由門）— 公子忌（字ハ慶父 字ハ去漫）— 順（居于委奴）— 恵弓（第二系図）— 阿岐 — 布怒之 — 玖賀 —

順 — 阿弓（推定）（怡土郡大野住）— 宇閇（第一系図）（後漢光武帝中元二年正月貢献 使人自称大夫 賜以印綬）— 己妻伊加也 — 玖志加也（加志古）（永初元年十月貢献）—

（第二系図）

— 志致古 — 宇閇（漢宣帝時遣使 地節二年）— 阿米（後漢光武中元二年正月私通漢土受印綬僭称委奴国王）— 熊鹿文（姓姫氏 称卑弥子 熊津彦）— 厚鹿文 — 市鹿文（同時賜火国造 魏正始八年立為王 景初二年貢奉 被称壱歟）

厚鹿文 — 市乾鹿文（景行天皇賜寵之 殺父則悪其不孝之甚而誅之）

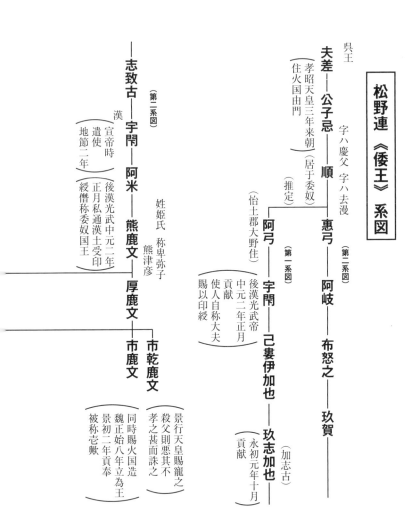

松野連《倭王》系図

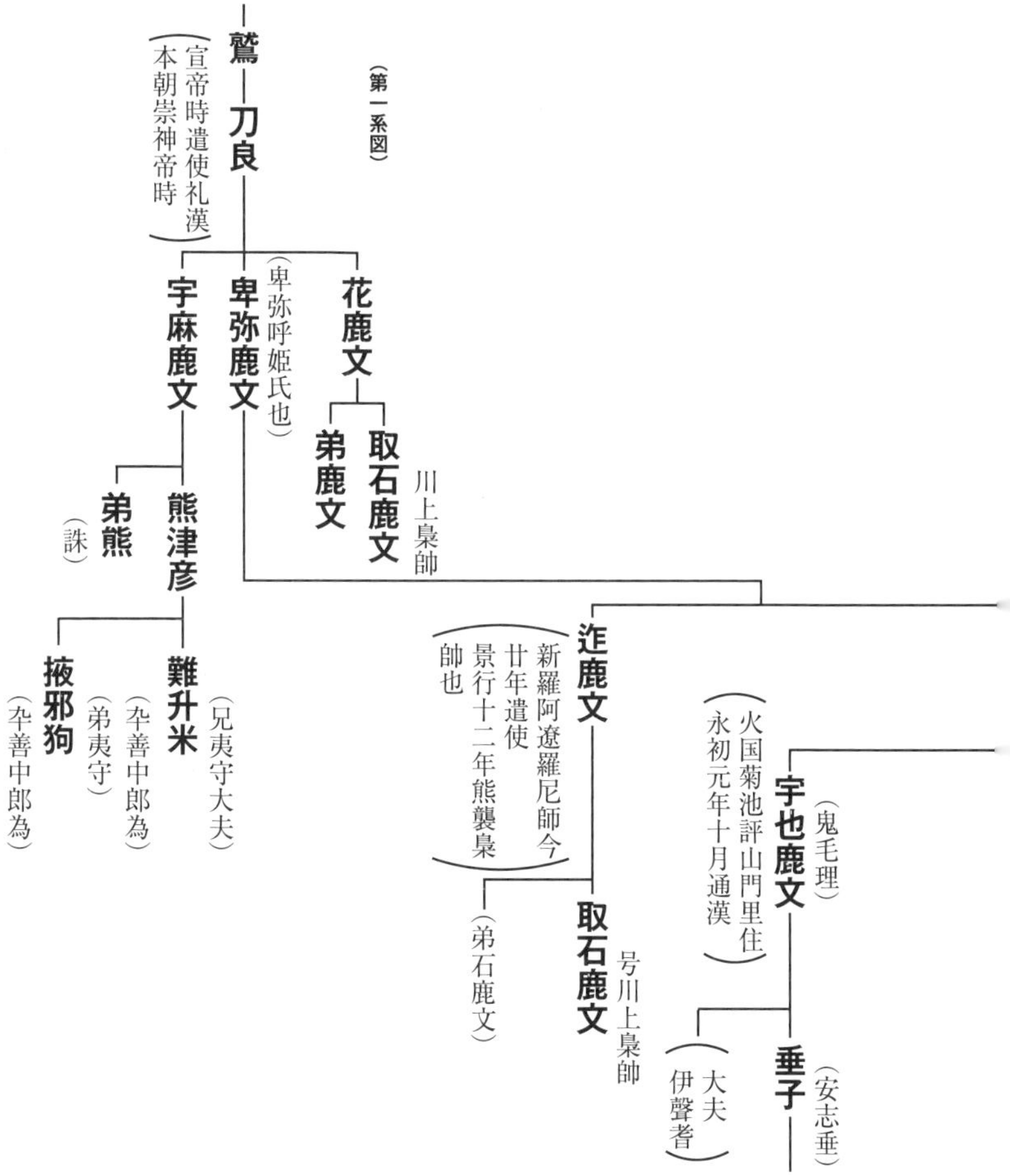
（第一系図）
鷲
刀良
（宣帝時遣使礼漢 本朝崇神帝時）
宇麻鹿文
卑弥鹿文
（卑弥呼姫氏也）
花鹿文
熊津彦
弟熊
（誅）
弟鹿文
取石鹿文
川上梟帥
難升米
（兄夷守大夫）
（夲善中郎為）
（弟夷守）
掖邪狗
（夲善中郎為）
迮鹿文
（新羅阿遼羅尼師今 廿年遣使 景行十二年熊襲梟 帥也）
取石鹿文
号川上梟帥
（弟石鹿文）
宇也鹿文
（鬼毛理）
（火国菊池評山門里住 永初元年十月通漢）
垂子
（安志垂）
（大夫 伊聲耆）

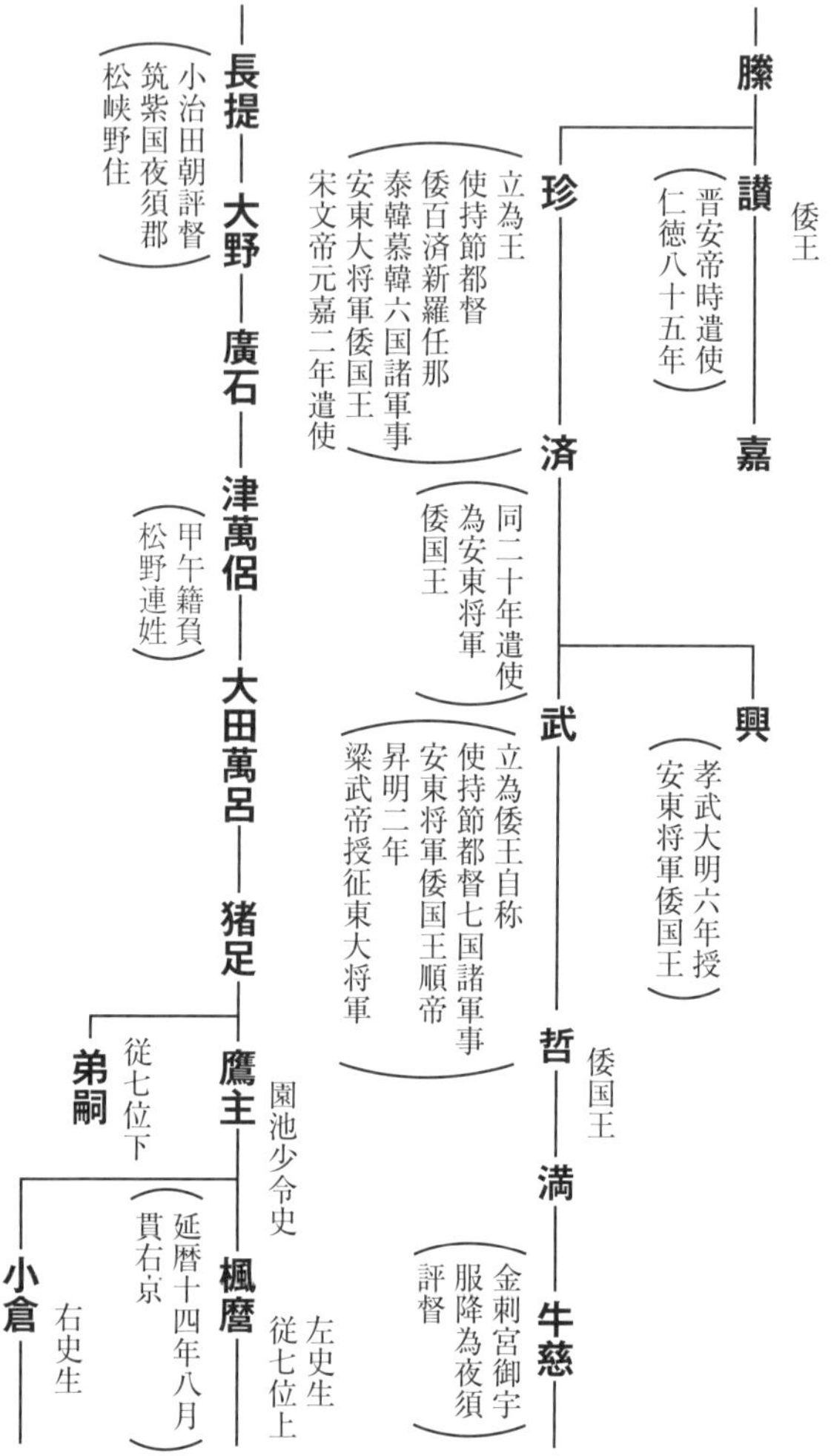

○備考　名前、住居など以外、左側の（　）内は、鈴木真年による注記と思われる。
本系図については、尾池誠著『埋もれた古代氏族系図』参照

『日本書紀』に近畿王権の景行帝やその息子日本武尊《ヤマトタケル》が九州王の川上武尊を成敗した。大隅国に熊襲の迮鹿文《さくかや》大王がいた。

景行帝は筑紫国の厚鹿文《あつかや》大王の二人の娘、市乾鹿文《いちふかや》と市鹿文《いちかや》を蹂躙し策を弄して、厚鹿文大王（御父）を殺したとされている。

「松野連《倭王》系図」にある、卑弥鹿文《ひみかや》は卑弥呼女王で、市鹿文が壱與女王である。紀元前五世紀頃の松野連《倭王》系図の中にも、鹿文（カヤ）の名前と、倭の五王の名前が記述され、中國の『魏志倭人伝』に、女王名が明確に記されている。

『日本書紀』景行帝（オホタラシヒコオシロワケ）一二年一二月条に、

「朕聞之熊襲国有厚鹿文迮鹿文者、是両人熊襲之梁元帥者也」

とある。

松野連《倭王》系図を参考に、九州王権の事象系図を抜き取り近畿王権の歴史系図に組み込み、記述した手法は見事なものである。

大王家を天皇家として表記し、王宮在所や萬葉の地名までも作りあげて詠み、時代の世も繰り上げして、すべてが近畿王権の治世としている。

松野連の系統に松野鶴平がいた。吉田内閣の最策士で鉄道大臣を務めた。熊本県の「南阿蘇鉄道」や「熊本菊池鉄道」を開通させた。

この地に司法大臣、枢密院議長を務めた清浦奎吾《きようらけいご》が居た。大正一三年（一九二四）、日本国の内閣総理大臣になった。特に「四恩」・親の恩、先輩の恩、友人の恩、時世（世の中）の

玉名大神宮　玉依姫像
撮影／著者

恩銘を大事にして、天寿を全うした人物である。

「敬天愛人」の西郷隆盛は九州を征した肥後菊池一族を祖とし、奄美では菊池源吾と名乗った。

『古事記』では大山津見神《おほやまつみのかみ》は伊邪那岐命・伊邪那美命の神産みで生まれた尊である。大いなる山の神と称され、『日本書紀』では大山祇神《おおやまづみのかみ》とされる。

麴智城のある木野郷本分の臺台地にある「松尾神社」は大山津見神を祀り、周辺には一四宮が同じ神を祀っている。

大山津見神の娘には木花乃佐久夜《このはなのさくや》毘売《びめ》がいる。

天邇岐志国邇岐志天津日高日子番《あめにぎしくににぎしあまつひこひこほ》能邇邇芸命《のににぎのみこと》は天照大御神の孫で、木花乃佐久夜毘売と結ばれている。

その子に火遠理命《ほをりのみこと》の山幸彦と海幸彦がいる。山幸彦は豊玉毘売命と結ばれて、鵜葺草葺不合尊を産んだが、綿津見《わたつみ》大神の娘である豊玉毘売命は本国である竜宮へ帰宮。妹の玉依姫が育母となり、その後、鵜葺草葺不合尊の妃となった。

玉名大神宮は遥拝宮とも云い、この地を古代「玉杵名」と呼んでいて、玉依姫の御陵がある。大神宮の後方には「上辻」の高貴な地名があり、陵墓・馬出古墳で広大な横穴式石室で勾玉、金の耳飾り、装身具が出土している。熊本県玉名市立玉陵中学校在学時、陵墓の発掘作業を手伝ったこともある。

＊『玉名市歴史ガイドブック ふるさと文化財探訪　改訂版』玉名市教育委員会

大神宮に祀ってある玉依姫は『古事記』や『日本書紀』景行記に登場する女神で、鵜葺草葺不合尊と結ばれ、神武帝を産んだ。帝は幼少期菊池川で遊び、沢蟹や鮎魚を捕っていた。

この地には仁和寺仏母玉名院（孔雀明王堂）の天皇領があり、嘉応二年（一一七〇）に後白河法皇の皇子守覚親王が出家、住職となり、その末寺や荘園管理に努められた。

歴史的な説話などの背景を鑑みると、熊本県下には皇室との関係も深く、聖尊や大王が存在した御陵が数多くあり、前方後円墳の江田船山古墳（国宝を百数個出土）を筆頭に、大王山古墳や千金甲古墳群が存在する。

天照大御神の弟である、建速須佐乃男命《はやすさのをのみこと》は大山祇神の孫、櫛名田比売《くしなだひめ》を娶って、子孫を殖やし、その六代目の孫が出雲国造の神・大国主神（大己貴命）である。

大国主命の国譲りと続き、九州王権の高天原が出雲王権である葦原の中国に忠誠を誓わせた神話であると思われる。中國長江流域の呉國や越國間の対立話、紀元前の古代の出来事、それらが倭国での、その後の渡来系民族の紛争ではなかろうか。この時点で近畿王権はまだ存在していない。

瀬戸内海域の大三島に鎮座する大山祇神社には、国宝級の武具類（鶴姫着用の鎧）が展示されている。この瀬戸内海の流域での古代神々にも、神籠石《こうごういし》（古代城）と九州王権との関わりが非常に強い。

国挽き譲る神話で、神々が制作した青銅器が如何に関わったか、それらが歴史的な根拠として、次の様に見出されようとしている。

西暦一九八四年に島根県荒神谷遺跡で三五八本の銅剣と最古級の銅鉾六個、銅鉾十六本が発見された。これらの青銅器がどこで制作されたかは、依然として謎に包まれたままである。これらの銅鉾や銅剣は戦闘用であり、銅鐸も戦闘時に使う銅鑼《どうら》の一種と思われる。

中國の『史記』にある、銅鉾や銅剣の三千本を呉國王夫差が剣池に埋葬したが、越王に滅ぼされ戦利品として奪われた。その後に越國も楚國に敗北した。その越國の支庶らが、渡来時に持ち込んだものが、今回、出雲王国で発見された青銅器である。

呉國王夫差の銅剣には國印の×印が押されていた。出雲で発見された銅剣にも同じ×印の刻印があり、同一品のものである。

これらの青銅器が出雲王国では祭祀に使用されたもので、祭祀中心の王国として栄えたとあり、青銅の祭具として取り扱われていたとある。しかし、何処で制作されたのかも未だに結論が出ていない。祭祀用でなく、発見された鋭利な銅剣は戦闘の武器である。
日本書紀成立一三〇〇年の特別展「出雲と大和」*で報告されている。

*二〇二〇年開催

第五章　古事記、日本書紀及び風土記

『古事記』は日本最古の歴史書。西暦七一二年。『古事記』が編纂された背景には、日本国家の成立という、大義のもとに書かれた漢語重視の文体である。上巻は国生みである天地開闢から、豊玉姫と彦出見尊《ひこでみのみこと》から産まれた、神武の父、鵜葺草葺不合尊時代まで（ウガヤ王朝開祖）。

中巻は神倭磐余彦尊（神武）から、第八代孝元の長子・比古布都押乃尊《ひこふつおしのみこと》の子・武内宿禰尊が補佐した、神功王后の筑紫生まれの子、品陀和気尊《ほむだわけのみこと》（応神帝）時代まで。応神帝の霊魂が「八幡神」とされる。

下巻は応神の子、仁徳から、聖徳太子（法王）の女帝・推古まで。神話、伝説、万葉を盛り込んだ趣旨で、天神より国生《うましくに》みの叙事詩で書いてある。全三巻。

初期の『万葉集』も同様で、『古事記』と同じく、漢語重視の文体で分かり易く書かれている。

これらが編纂された以前には、天神、尊（命）の王室系譜や事績が書かれた『帝紀』『上古諸事』（旧辞）の書物があった。『帝紀』は歴代の帝系譜、『上古諸事《じょうこしょじ》』は国の君主や英雄

の伝記が主述に書かれていた。

稗田阿礼《ひえだのあれ》に誦習させ、太安万侶《おおのやすまろ》が筆録して、『古事記』を完成させた。この『古事記』、巻では七世紀頃に九州王朝が作成した書物として伝わる。

稗田阿礼は記憶の優れた叙事詩人で当時は二八歳、巫女的な女性であったともある（武内宿禰尊・荒木田〔葛木〕襲津彦命の末裔とも云われている）。

『日本書紀』は最古の勅撰国史書。西暦七二〇年。神話、伝記をもとに、漢文による、編年体で書かれたものである。神代から持統天皇まで。この国が大王（天皇）によって統治されてきた日本国であると、その正当性を誇示した、歴史書である。

八世紀頃、天皇の治世、中臣大嶋（藤原氏）や川島皇子（天武帝の子）らが編纂に着手し、舎人《とねり》親王が献上したと云われている。上巻、中巻、下巻からなり、神話から天皇家の歴史を記述し、特に天皇家を誇示するが為に編纂されたとある。全三十巻。

天武天皇の子、舎人親王は『日本書紀』の編纂に関わり、聖武天皇の補佐役でもあった。

これら漢文の編年体による記載からして、近畿王権が中國王朝（唐）に対して、これが日本国の正史書であると伝える書物として、歴史を多少の事象を偽証しながら、作成した。

この様に『古事記』と『日本書紀』は互いに似ているようで、まったく異なる王朝の、国書と云える。この歴史書が同時に編纂された、時期を鑑み、遡って考える必要があると思われる。

次に風土記を比較すると次のようになる。

風土記の中で完存し、正規に伝わるのは、次の五風土記がある。『肥前《ひぜん》国風土記』『豊後《ぶんご》国風土記』『出雲《いずも》国風土記』『播磨《はりま》国風土記』『常陸《ひたち》国風土記』がある。

古代の出雲は遺跡や古代文献に囲まれている。『古事記』や『日本書紀』には出雲神話が多く取り入れられている。奥書には「天平五年（七三三）二月三十日勘造、編纂者・出雲臣広島」とあり、出雲地方の内容や伝承がほぼ完本の状態で残されている。

倭国（九州）には『筑前国風土記』『豊前国風土記』『肥後国風土記』や『筑後国風土記』『薩摩国風土記』もあったと思われるが、倭大王家の国起こりの風土記が存在しない。

これらの風土記には、根本をなす矛盾があるとし、二つの風土記が存在すると、『古代は輝いていたⅢ』（朝日新聞社）で古田武彦が指摘している。

次に掲げるのは九州『風土記』の残る「縣《あがた》」の一文例である。

それらの風土記には、行政単位として、「郡《こおり》」「縣」が書かれている。（郡）風土記は近畿王権で使用され、（縣）記述の風土記は九州王権のみで、次の様にある。

『釈日本紀』で九州の各地方の正規な風土記として、存在していた実例が見える。

(一)閼崇岳《あそのたけ》（肥後国）

筑紫国風土記に曰く、肥後の国。閼崇の縣。縣の抻《しん》、廿余里《じゅうより》、一禿山《とくざん》あり、閼崇《あそ》の岳と云ふ。頂に霊沼あり、石壁、垣を為す。清潭百尋《せいたんひゃくじん》にして、白緑を鋪《し》きて質と成す。彩浪五色、黄金を紐《は》へて、似て間を分つ。天下の靈奇《れいき》、玆《こ》の華《はな》に出づ。時々水満ちて、南より溢流して白川に入る。衆魚酔死し、土人苦水と号す。その岳の勢為るや、半天にして、傑《けつ》す、四縣を包《か》ねて、基を開く。石に触れて雲を興し、五岳の最首威り。を濫《うか》べて水を分つ。寔《まさしく》、群川の巨源、大徳巍巍《だいとくぎぎ》、諒に人間の有一、奇形《きけい》、天下乃無双《てんかむそう》、地心に居住す、故に中之岳と云ふ。所謂閼崇神宮、是也。『釈日本紀』巻一〇）

㈡磐井君《いわいのきみ》（筑後国）

筑後国風土記に曰く、上妻《かみあずま》の縣。縣の南二里、筑紫君・磐井の墓墳あり、高さ七丈、廻り六十丈、号して衙頭と曰く。預め此の墓を造る（中略）古老の伝へて云ふ。雄大迹《おとど》大王の世、筑紫の君磐井、豪強暴虐、王風に遵わず。勢の勝たざるを知り、自ら豊前の国、上膳《かみつけ》の縣に遁《のが》れて、南山峻嶺の曲に崩る。（『釈日本紀』巻一三）

㈢塢舸水門《おかのみなと》（筑前国）

筑前国風土記に曰く、塢舸の縣。縣の東の側近くに、大江口有り、名づけて塢舸水門と云ふ。大船を容るに堪へたり、彼の島・鳥旗《とはた》の澳《うみのくま》に通生ず。名づけて岫門《くきど》と云ふ。海中に小島あり、其の一珂斛島《かこしま》と云ふ、梔子《くちなし》を生ず。海に鮑《あわび》を出す。其の一資波島と云ふ。資波《しば》は志摩也。

肥前国の正規なる風土記では、

㈣帔揺岑《ひれふりのみね》（肥前国）

『肥前国風土記』に曰く、松浦の縣。縣の東三十里、帔揺岑、最頂に沼有り、傳云ふ、檜前天皇の世、大伴紗手比古《おおともさでひこ》を遣わし、任那国を鎮む。篠原村の乙等比売《おとひめ》と婚姻を成す。離別の日、乙姫この岑に登望し、帔《ひれ》を挙げて揺招す。因りて、この岑の名と為す。

これらは九州王国でつくられた、『風土記』の原形をとどめ、明晰に記されている。倭国（九州）で、最初に成立した『風土記』、国、縣、評。の表記がそこに存在していた証である。

中國史の西暦前の制度は次のようになる。

①周國の封建制。天子のもとに『國』を置いた。

②秦國の郡縣制。天下に「郡」を置き、下に「縣」を置いた。

③漢國の郡國制。天下に「郡」と「國」を置き、下に「縣」を置いた。

記紀と風土記の比較からして、『古事記』『九州風土記』は漢語重視の文体式。『日本書紀』『近畿風土記』は編年体の漢文式。これらの書体からして、すべての縣が郡として、記されているその違いが、ここに鮮明に映し出されている。

特に『出雲国風土記』は『記・紀』とは、完全に異にしている事象文体の記述である。

ここに付け加えたい事柄がある。それは『筑紫国風土記』『筑前国風土記』『筑後国風土記』『肥後国風土記』『薩摩国風土記』が抹消されていること、九州・古代国家の重要なる発祥地の正規な風土記が、一切ないと云う事実である。

風土記が逸文として存在するのは、近畿王権に治世が移行した後、その時の権力者によって、都合よく作成されたものだからである。

全国に八神郡が存在するとある。紀（姫）国名草《なぐさ》郡、伊勢国渡相《わたらい》郡、安房国安房《あわ》郡、伊勢国竹内《たけうち》郡、出雲国意宇《いう》郡、筑前国胸形《むなかた》郡、常陸国鹿嶋《かしま》郡、下総国香取《かとり》郡である。その神郡には次の神社が存在する。

伊勢神宮、安房神社、熊野大社、出雲大社、宗像大社、鹿島神宮、香取神宮、國縣神宮（くにあがた日前宮）である（国縣神宮が阿蘇の国造神宮傳）。

（『令集解』遷叙令同司主典条令釈・養老七年（七二三）十月十六日太政官処分）

紀国（姫性）は筑紫の肥後が発祥地であり、閼宗縣（阿蘇）の国造は国縣神の原宮でもある。


九州王国の蓮華《はすか》、白鳳・天平時代を時系列に、紐解いて詠まれている。

『古事記』には応神の太子時代の宴の様が詠まれていて、太子が禊を終えて、無事帰ってきた祝いに、母・神功王后（気長帯日姫命）が詠んだ詩がある。これもは漢語重視の文体である。

「許能美岐波　和賀美岐那良受　久志加美　登許余邇伊麻須　伊波多多須
須久那美迦微能　加牟菩岐　登余本岐　麻都理許斯美岐叙　阿佐受袁勢　佐佐」
〝この御酒《みき》は　我が御酒ならず　玉串《くし》の上　常世《とこよ》に坐《いま》す　岩立《いわた》たす
少名御神《すくなみかみ》の　神穂《かみほ》き　豊穂《とよほ》き　祭《まつ》り鼓《こ》し御酒《みき》　飽きず飲す　ささ〟（記四十）
応神帝は太子の時から、神功王后、武内宿禰尊の宴する際、大酒を嗜《たしな》んだようだ*。
湯原王が『万葉集』で詠んだ（巻六の九八九）。
「焼刀乃　加度打放　大夫乃　禱豊御酒尓　呉酔尓家里」〝やきたちの　かどうちはなち
ますらをの　はくとよみきに　われよいひにけり〟

＊『万葉集に見る酒の文化』一島英治

『日本書紀』の万葉と違い、『古事記』の萬葉は、漢語文体で表す書体で書かれている。これらは九州王権の記述方式であり、『古事記』『風土記』『萬葉集』のすべてが、この記述で表記されている。

第六章　出雲青銅器から古代を紐解く

島根県・出雲国の荒神谷遺跡から、弥生時代の銅剣が三五八本と銅鐸六個、銅鉾一六本が発見された。これらは国宝品としての稀少な優品という側面よりも、大量出土やその背景がどの様な過程で、ここに当時、埋葬されたのかも興味が尽きない。

そして、賀茂岩倉遺跡や志谷奥遺跡からも銅鐸、銅剣が出土していて、弥生時代の前四世紀頃とされている。

中國・戦國時代の前五世紀頃、呉國は越國に滅ぼされ、呉國は当時三千本の銅剣を制作したと『史記』にあり、菊池郷・臺台地に移住した際には数百本の銅剣（×印）や銅鏡を持参している。それらの銅剣・銅鉾や銅鏡（内行花文鏡）が九州王国や出雲王国で、かなり多く出土している。

越國は呉國を滅ぼしたあと、銅鉾・銅剣や銅鏡を搾取したと思われる。その後、越國は楚國に滅ぼされた。呉王夫差の銅剣や越王勾践の銅剣が戦利品として、楚國の陵墓で発見されている。越國の王族たちは銅鐸・銅鏡や銅鉾・銅剣を持参し、山陰・出雲地方に逃れてきたと思われる。それらの一部が荒神谷遺跡の銅剣や加茂岩倉遺跡の銅鐸ではなかろうか。

呉王夫差の銅剣銘（×印文字）
蘇州博物館

中國の王仲殊は現代中央アジアを代表する考古学者で、中国科学学院考古研究所で活躍された人物である。主な古代の研究領域は戦國・秦・漢から隋・唐の時代までを包括し、墳墓・銅剣・銅鏡などの諸分野においても多大な研究業績を挙げられた。

特に、日本の前後期古墳群から出土した、三角縁神獣鏡については魏の朝廷から倭王卑弥呼に下賜されたとする従来の通説に対して、紀元前に倭国に渡来した、江南域呉國の工人や秦の始皇帝・徐福の工人たちが、その後、倭国で制作したとする新説を提唱され、日本の考古学、歴史学界に大きな衝撃を与えた。*

＊『私の東アジア考古学』西谷正

香春町清祠殿
撮影／著者

大分県宇佐市に赤塚古墳がある。この地にある川部古墳群を構成する中の一基である。卑弥呼の銅鏡とされる三角縁神獣鏡の五面が出土しているが、そのすべてが舶載鏡という特徴を持っている。宇佐八幡宮にも三角縁神獣鏡が国宝として蔵されている。この古墳は九州最古の古墳として挙げられている。

天平勝宝八年に東大寺大仏開眼会が行われた。この年、大仏開眼の導師を務めたのはインド僧・菩提遷那《せんな》である。

東大寺大仏（銅造盧舎那仏坐像）は西暦七五六年に完成したとある。『東大寺要録』の縁起文では、大仏建立に用いた銅の供出は「西海から運んだ銅」を使用したと伝える。山口県の長登銅山や九州・京都郡《みやこぐん》の鏡山香春《かわら》銅山（宇佐八幡宮）が主な銅産出であり、香春の清祠殿で鋳造されたと伝える。そして、海を隔てた西海国は九州王国である。今も宇佐八幡と東大寺の放生会が毎年開催されている。

出雲王国の造世紀を考察すると、『古事記』では出雲須佐乃男尊は天照大御神の弟で、大山津見神の娘、神太市比女《かむおおいちひめ》を娶り、大年神（大歳神）を生んだ。この大年神の孫が猿田彦（佐太神）である。

『出雲国風土記』に「伊太氐《いたて》」と云う鋳冶の神社がある。韓国《からくに》伊太氏神社ほか六社の鋳冶の神社がある。和歌山県名草郡にも「伊太祁曾《いたきそ》神社」があり、鋳冶集団を祀る社である。

出雲王国の伊太氏と九州王国の江田船山古墳出土の銀象嵌銘太刀の七五文字のなかにも伊太が見受けられる。伊太氏は五十猛《いたける》で、冶金鍛冶の熟練者で、須佐乃男尊の子とされている。江田船山古墳の太刀作が伊太で、作刀の命令をしたのが須佐乃男尊である。

この頃は出雲神の全盛時代で、九州王国との交流も盛んで、己の国を中国（越）と付け、中國大陸の越王朝の末裔であった。

国引き譲る神話で神々が制作した青銅器が如何に関わったか、それらが歴史的な根拠として、次の様に見出されようとしている。

西暦一九八四年に島根県の荒神谷遺跡で銅剣と銅鐸、銅鉾が発掘された。これらの青銅器がどこで制作されたかは、判明していない。依然として謎に包まれたままである。これらの銅鉾や銅剣は戦闘用であり、銅鐸も戦時に使う銅鑼の一種である。

中國の『史記』にある銅鉾や銅剣の三千本を呉王夫差が剣池に埋葬したが、越王に滅ぼされ戦利品として奪われた。その後、越國も楚國に敗北した。その越國の支庶らが渡来時に持ち込んだのが今回の出雲王国で発見された青銅器である。[*]

呉王夫差の銅剣に國印の×印が押されており、出雲の荒神谷遺跡で発見された銅剣にも同じ×印の刻印があり、同一品で間違いない。出雲王権で、これらの青銅器は祭祀に使用するため制作したもので、王国繁栄がもたらされたとされている。何処で制作されたものかは結論が出ていない。今後の研究課題とする。

＊日本書紀成立一三〇〇年の特別展「出雲と大和」

第七章　古代湖茂賀の浦と吾平《あいら》山陵

肥後の「茂賀の浦」とは、かつて菊池平野にあった古代湖である。菊鹿平野は全国でも珍しい地盤の陥没地帯で、縄文時代は湖があり、湿地帯の中にあった。弥生時代になって湖水が引き始めると菊鹿平野でも稲作ができるようになった。稲作の初めは「初田川」周辺の山間部の小さな水田であった。弥生時代になると湖水が引き、低地に集落ができ始めた。標高三七メートルラインには甕棺墓が連なっている。

松野連《倭王》系図には孝昭帝三年（紀元前四七三）に呉王夫差の子の公子忌が火の国「山門」に来て台《うてな》台地に住み着いたと書かれている。台は「臺」で邪馬台国の臺である。明治十一年（一八七八）の『十八史畧訓蒙』に春秋戦國時代の呉國の欄には、地名の姑蘇臺《こそだい》、官職名の太宰《だざい》が記述されている。紀元前六世紀頃の史記に記載がある。

米作りや養蚕、製銅・製鉄の技術を伝えた、呉王夫差の公子「姫氏（紀氏）」の痕跡がここ茂賀の浦に存在する。

菊池市七城町の臺《うてな》台地で発掘された野田部土器に籾痕が付いていた。その籾痕を鑑定した結果ジャポニカ種であることが判明した（ジャポニカ種はインディカ種に比べて丸みを帯びた米である)。中國揚子江流域の河姆渡《かぼと》遺跡から五千年前の稲作の痕跡が発掘されて以来、稲作の伝播ルートとして、揚子江流域からというのが最近の有力説となっている。

米作りの神様「大山くいの神」は、大山に杭を打つ神、「大きな山の所有者」を意味している。農耕や治水を司る神とされている。またの名を大山咋・祇神とある。

酒造りの神様「城野松尾神社」が熊本県山鹿市菊鹿町にある。この神社は日吉系神社で九州のお酒の神様として崇拝されている。特に肥後赤酒(紹興酒)は有名で正月に頂くものである。

「加茂」の地名の由来として麴智城の米原長者と加茂長者(駄の原)の宝比べの伝説がある。

熊本市北区植木町豊田川の周辺には加茂の付く地名が多く存在する。加茂坂、加茂小屋、加茂六地蔵、加茂別雷《かもわけいかずち》神社である。

これは揚子江流域から稲作と共に渡来した地名であろう(中國蘇州郊外にも「加茂」の地名が存在する)。これらの祭神はすべて、大山祇(咋)の神とする。最近、出雲の加茂神社より、沢山の銅鐸が出土して話題になっている。中國の海南島にも加茂の地名がある。

古代湖「茂賀の浦」の周辺には遺跡が囲むように存在する。山鹿市の方保田東原遺跡、菊池市の臺遺跡、小野崎遺跡の三遺跡がある。これらの遺跡からは内行花文銅鏡、貨幣の貨泉、青銅器・銅鉾や縄文弥生土器で、弥生遺構からは釣り針二本が出土し注目を集めたが、山幸彦が失くしたもので、海幸彦の釣り針ではないかと云われている。*

*『太古の湖「茂賀の浦」と「狗奴国」菊池』中原英

吾平山陵《あいらさんりょう》は九州に二箇所、存在する。鹿児島県曽於郡にある、宮内庁管轄の鵜葺草葺不合尊山陵と山鹿市菊鹿町には吾平神社（大山咋神）と相良観音があり、その近くに「陵《みささぎ》」と呼ばれる、鵜葺草葺不合尊の吾平山陵が存在する。

吾平トビカズラ（葛）はここが日本で唯一の自生地で、紀元前に中國揚子江流域からきたものと伝わる*。

菊池市神来《おとど》の貴船神社には「大昔に高貴なお方が船で神来に御着きになった処」との云い伝えがある。平野雅曠は『火ノ国山門』の本の中で呉王夫差の子の公子忌であろうとしている。松野連《倭王》系図では「公子忌が孝昭帝三年（紀元前四七三）に来朝し、火の国山門に住む」とあるからだ。

＊菊池市教育委員会

吾平トビカズラ
撮影／著者

可憐な四弁の花を咲かせる、「トキワマンサク」の原産地は中國揚子江からインド東部一体にある常録樹で、自生地は熊本県荒尾市・小泰山と三重県伊勢神宮、静岡県湖西市の三箇所にある。

彼らの稲作と製銅・製鉄の文化や植樹の伝来は九州王国の有

力なる勢力の拡充活動に関わり、この国の歴史を大きく転換させたと思われる。

　九州北部の遠賀川、筑後川、中部の菊池川、球磨川での鉄器の拡充も著しい。特に「たたら製鉄」の痕跡は菊池川流域の小岱山に数多く存在し、弥生遺跡の鉄出土数は山鹿市方保田東原、菊池郡大津町の西弥護免遺跡、玉名郡和水町の諏訪原遺跡だけでも千点を超え、福岡県に次ぐ多さである。

第八章　邪馬臺国卑弥呼の王宮祉

鶯原台地《うぐいすばるだいち》と幻のトンカラリン隧道、そして、清原台地《せいばるだいち》の江田船山古墳へ繋がる一体のこの地に王宮が存在していた。

王宮跡地には幕屋式神殿《まくやしきしんでん》の「鶯原神社」が鎮座する。

この神殿には不思議にも四神獣《ししんじゅう》「東方の青龍《せいりゅう》・南方の朱雀《すざく》・西方の白虎《びゃっこ》・北方の玄武《げんぶ》」の浮彫欄間が飾ってある。

清原台地の古墳群には中央に前方後円墳の江田船山古墳、虚空蔵塚古墳、塚坊主古墳、松坂古墳があり、円墳の京塚古墳、姫塚古墳、首塚古墳や石棺古墳と横穴墓古墳群がそれらを取り囲んで、造成されている。菊池川流域にある横穴古墳群は全国一の数である。

国史跡は江田船山古墳のみで、全国一の出土品の一〇〇種等が国宝に指定されているが、他の数々古墳からの出土品は壊滅的な状況である。

国立京都大学考古学部の調査が明治、大正から行われているが、それらの研究遺物品は京都大学博物館には展示されていない。江田船山古墳から出土の国宝・遺物は東京国立博物館に展示されている。

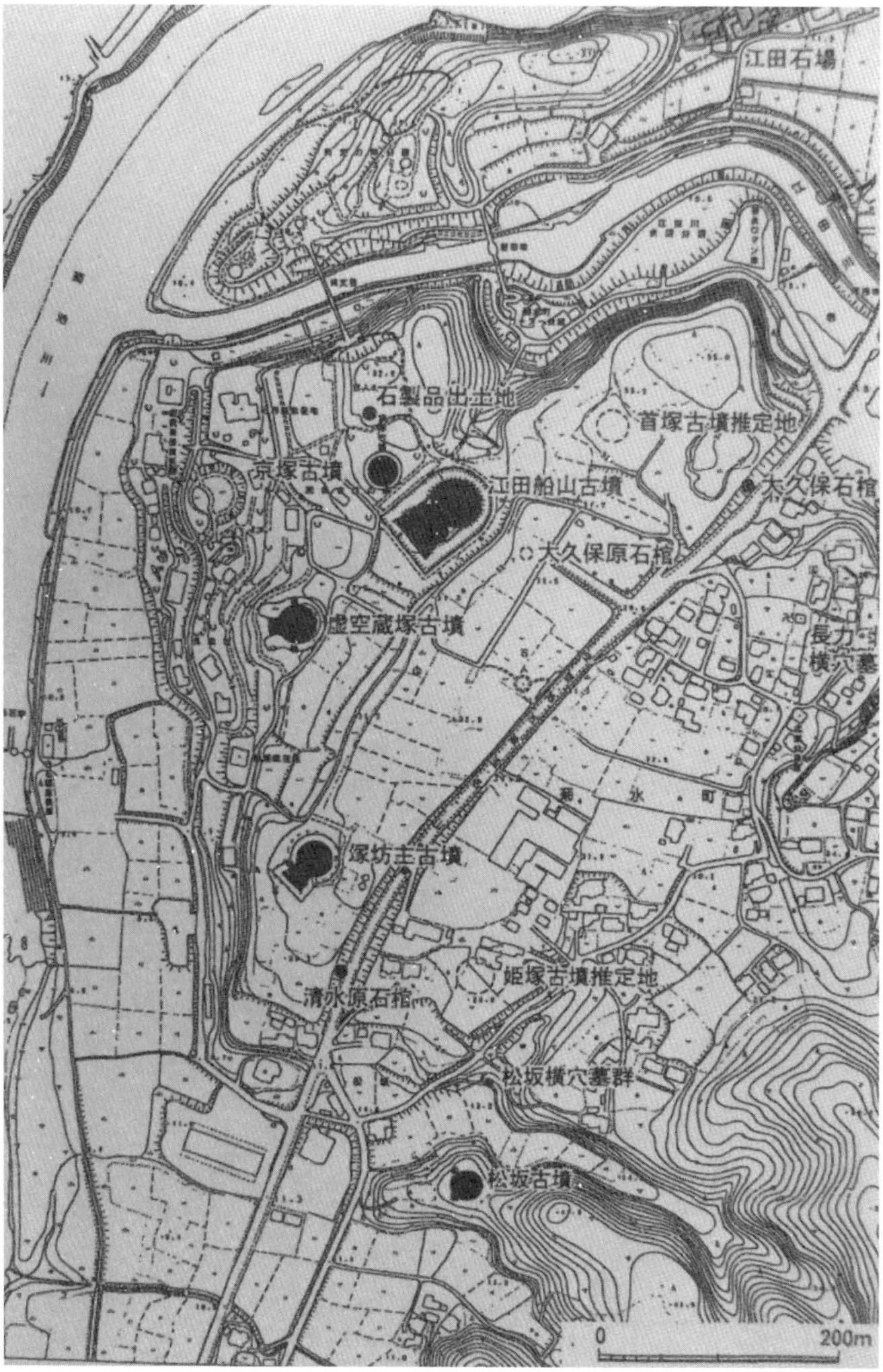
江田石場
石製品出土地
首塚古墳推定地
京塚古墳
江田船山古墳
大久保石棺
大久保原石棺
虚空蔵塚古墳
長力
横穴墓
塚坊主古墳
姫塚古墳推定地
清水原石棺
松坂横穴墓群
松坂古墳
0
200m

清原台地

『三国志』魏書三〇巻、烏丸鮮卑東夷伝の倭人伝に地名と距離が細かく記されている。邪馬臺国の国々と里数で顕すのは、正確な距離で、中國帯方郡《たいほうぐん》より万里の行程である。中國帯方郡より朝鮮狗奴韓國《くぬかんこく》まで海路、陸行七千里である。対海国《たいかいこく》＝長崎対馬まで海路千里、次に一大国《いちだいこく》＝長崎壱岐まで海路千里。末蘆国《まつろこく》＝肥前松浦の伊万里まで海路千里*。＊「伊万里」まで里数で距離を顕すと、伊《いたる》万里が佐賀の伊万里市である。伊都国《いとこく》は層増岐野《そそきの》と云う雷山《らいざん》がある。肥前佐賀、神埼（吉野ヶ里）まで南東に、陸行五〇〇里。

この地は徐福伝説の金立神社や新北神社が存在し、不老不死の薬草の寒葵《かんあおい》がある。その後徐福は地王になったと云われている。邪馬臺国では継承の王が一大卒を務めていた。奴《ぬ》国《こく》は筑紫御井（久留米）に藤原京があり、別宮三瀦宮まで陸行一〇〇里である。不弥国《ふみこく》＝筑後八女（磐井大王）、山門《やまと》の瀬高まで、陸行一〇〇里である。九州王国はすべてが大河を有する処に王都が存在する。湧水も必須条件であり、生命の源である。大和王権の中心都には大河がないので、王宮の存在はないと云える。琵琶湖と大阪府の淀川、和歌山県紀伊川のみである。

肥後玉邪名や江田蔦原台地に四神獣を祀る、道祖四方の守護神があり、中國の神話上、天の四方の方角を司る霊獣である。五行説では中央に黄龍が加えられている。

江田船山古墳からの出土遺物として、前漢時代の半肉彫獣帯鏡《はんにくぼりじゅうたいきょう》がある。「宣・子・孫」の三字を配し、青龍、朱雀、白虎、玄武の四神獣が図形してある。

この神殿には浮彫があり、「見るな、聞くな、云うな」の木葉猿の伝承地としても有名である。虎歯《このは》の国見山を有し、小泰山や雲仙岳を仰ぎ、金峰山の三山が連なり、不知火の淡海の集落が見渡せる。鷲原神宮が鎮座し、トンカラリン隧道が繋がっている。

この王国近くには遥拝宮、聖母宮《しょうもぐう》や熊野座神社四十数社があり、石貫穴観音横穴墳に千手観音《せんじゅかんのん》が彫刻されている。

玉名市青木三蔵郷に三蔵法師や空海が刻印したとされる青木磨崖梵字もある。

江田の清原台地は女王・卑弥呼が君臨していた邪馬臺国の一角に「多婆那国《たばなこく》」があり、多婆那（崇神）大王が居た処と伝えられている。*

＊新羅本記にある『多婆那国』は古代の肥後玉杵名や菱形神社のある田原坂と云われている。

女王卑弥呼と神功皇后の繋がりと活動範囲を解く。

火冠の巫王である卑弥呼は阿蘇麓で邪馬臺国を統一していた女王で、霊験あらたかな巫女の系譜を引き継ぎ、特に政治的・軍事的な行動を占うときは亀甲を主体とした道教的な占いを行っていた。

熊本県菊池市の臺台地には瀬戸口横穴墳が四〇〇基あり、占いに使用された亀甲や金環・勾玉・須恵器などが出土している。熊本市植木町宮穴横穴墳からは金錯圭頭・一点、金環・七八点と勾玉・三三点が出土、この地で邪馬臺国の金環や勾玉が制作されていた。それら出土品は宮内庁に保管されている。

熊本県玉名郡和水町の清原台地には前方後円墳の主墳である江田船山古墳を筆頭に虚空蔵

塚古墳、塚坊主古墳など、八基が存在し、玉名市周辺だけでも、前方後円墳の稲荷山・傳左山古墳を含めた二〇〇基をはじめ、縄文・弥生史跡が点在している。

明治・大正・昭和時代に研究調査のために、発掘された品々が宮内庁、京都大学・京都国立博物館・奈良国立博物館（旧）・東洋文庫に保管されている。

九州の史跡など、江田船山古墳・主墳の国宝品以外でも、この地域の造成、盗掘や研究目的で失われている。

次の武人は邪馬臺国の卑弥呼女王を護衛していた武人埴輪で、四世紀の玉名市岡古墳祉跡

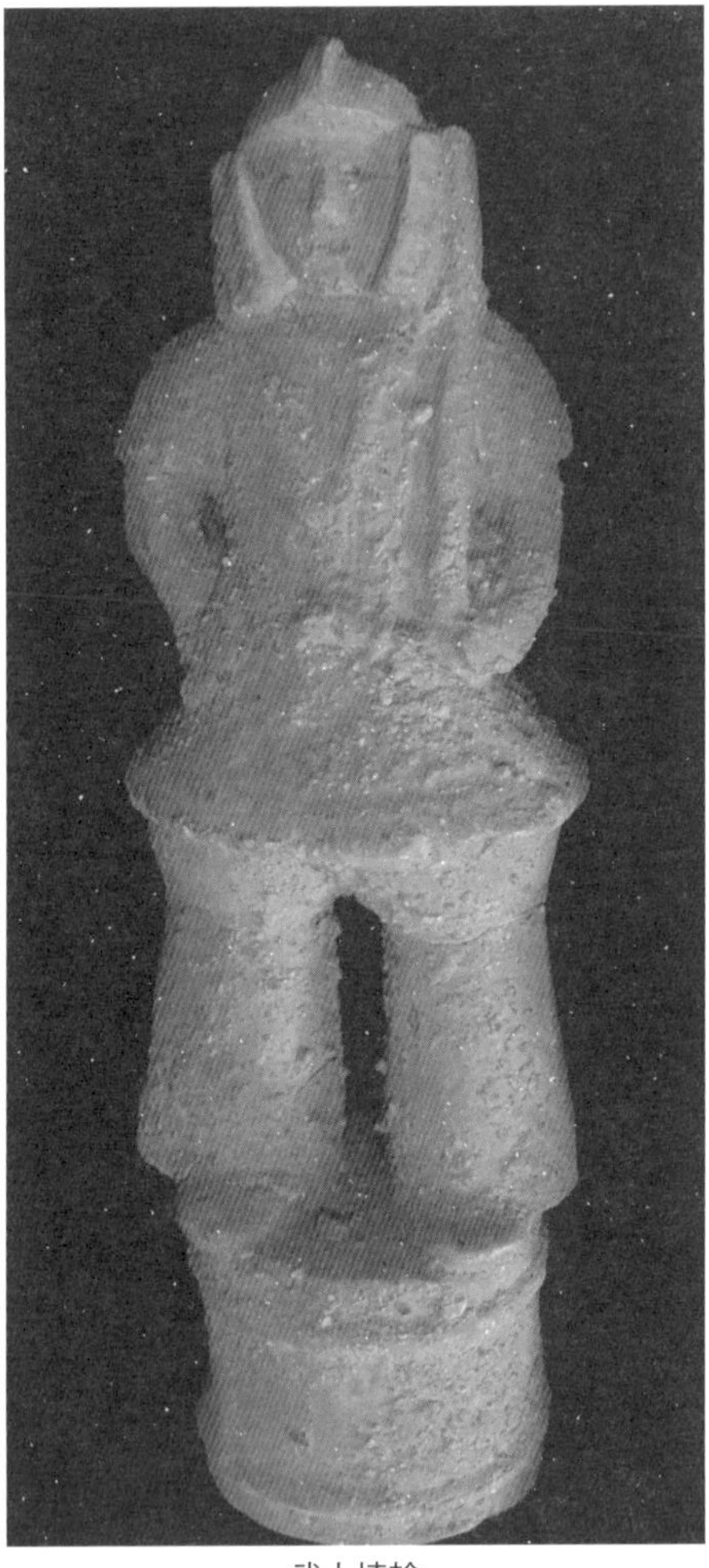

武人埴輪
撮影／著者

（旧明泉寺祉）の台地から出土したものである。

神功王后は気長足姫尊《おきながたらしひめのみこと》であり、尊父は気長足宿禰、側近に武内宿禰尊を置く。仲哀帝が崩じて、応神帝は五世紀初めに即位する。応神にまつわる遺物や遺跡が存在する。特に有名なのが轟神宮（轟遺跡）からの狭鋒銅鉾四本（京都国立博物館蔵）がある。

熊本市河内町の熊野岳や菱形八幡、円臺寺、薬師堂や生野、那智、轟、辺田野などから一万年～二千五百年前の縄文時代の出土品が発掘されている。

熊野座宮が四五社あり、全国一の数社で、紀伊の熊野大社との関連性も強く、古代には盛んに交流がなされていた。

白龍窟
撮影／著者
（熊本地震で2016年、白龍窟は崩壊した）

『肥後国誌』によると菱形八幡に広大な円臺寺善日院があり、八幡宮の崖石に白龍窟が存在。

古代信仰の聖域で、岩洞は神の御窟《みむろ》と考えられ、大地の裂け目があり、神界と人界を結ぶもので、菱形池は八幡神が垂迹《すいじゃく》した所で、応神帝（誉田八幡麻呂）の産湯場で、応神の胞《えな》を埋めた聖なる亀石もある。

神功王后が応神帝を産んだ、熊本県

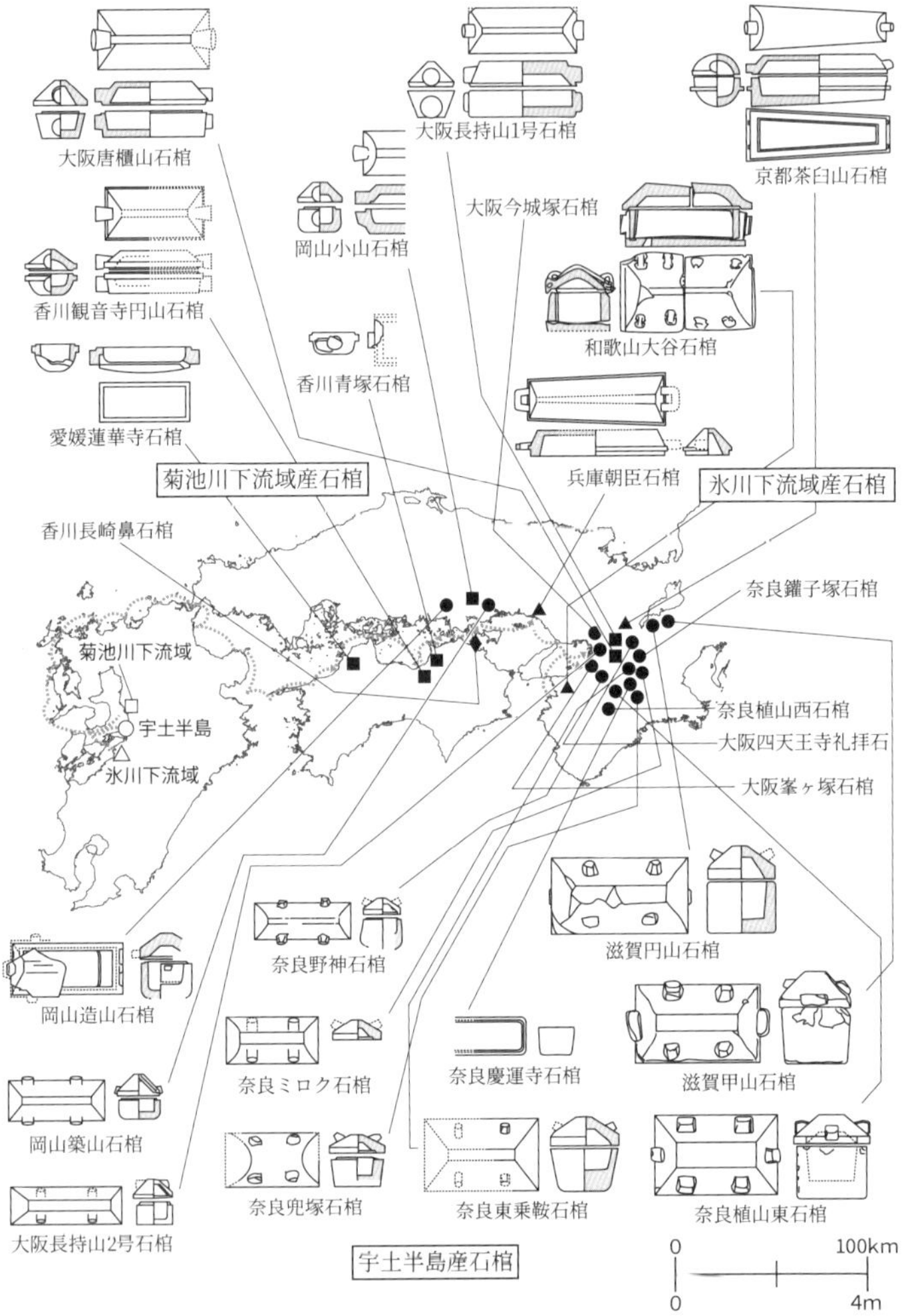

九州制作石棺の分布
宇城市教育委員会内・石棺文化研究室編集『大王の棺を運ぶ実験航海』
所収の高木恭二氏による図をもとに作成

植木町「白龍窟」の祠であり、地動にて豊前の本宮宇佐八幡に繋がっていると云われている。＊

＊『神皇正統記』

仲哀帝と神功王后の「香椎宮」の御由緒社名：橿日宮は次のように呼ばれている。

香椎廟《かしひべう》　万葉集
糟氷宮《かすひぐう》　姓氏録《しょうじろく》
哿襲宮《かしひぐう》　筑前国風土記遺文
樫日廟《かしいべう》　日本後記
橿日廟《かしいべう》　延喜式
橿日廟宮《かしいべうぐう》　延喜式
借飯廟宮《かしひべうぐう》　諸神根源抄《しょしんこんげんせう》

伝承されてきた御廟・神宮の名称であり、これ程に多彩なる宮銘は全国的にも珍しい。

広大なる上宮の神域には武内宿禰尊の別宮や不老寿水の井戸が今も存在する。

全国の半数以上が集中する肥後古墳のなかでも、最も豪華なる、千金甲一号墳は赤・青・黄色を使って靫《ゆぎ》の文様が描かれている。俀王・阿毎、多利思北孤（聖徳太子）の陵墓であろう。

上宮には伊波礼池邊宮《いはれたちばなちへんぐう》があった処である。第三十一代用明帝の陵墓は中尾山本妙寺と推定される。熊本市に伊波礼池邊寺があり、百塚を有し広大な王宮や寺院跡が存在した処である。聖徳太子が灌漑用に造った味生池《あじうのいけ》がある。

その対岸にある、向野田古墳は女帝の陵墓と推測されている。この地には神代から続く豊饒の海原が広がる、御輿式海岸の額田干潟がある。

推古女帝と聖徳太子の関係は次の様になる。女帝は豊御食炊屋姫《とよみけかしきやひめ》や額田部の王女とも呼ばれている。

熊本県宇土郡網田・大宅郷に額田部君得万呂や額田部真嶋がいた。額田部姓は九州王権が古墳時代に大王・后妃・王子の為に設けた、名姓の一つである。推古女帝は西暦六二八年に七五歳で崩御した。歌人の額田王《ぬかたのおおきみ》女もここのルーツである。

推古女帝は敏達帝死後、崇峻の暗殺という非常事態のなかで、女帝に即位した。蘇我馬子、聖徳太子の補佐を受け、国政に力を尽くしたとある。

宇土市は馬門石で有名な地域であり、ここから前方後円墳に使用した古墳石棺が、近畿王権や大阪四天王寺、瀬戸内海流域の吉備王国まで送られている。*

＊「九州制作石棺の分布」

第九章　倭国と新羅、中國（姑蘇臺）

『三國史記』新羅本記では第四代の脱解尼師今《にしきん》の在位は西暦五七～八十年の間とある。*脱解尼師今が新羅王に即位した時の姓は惜氏で、王妃は阿孝夫人とある。「脱解王」は倭国の多婆那国（肥後国玉杵名）で生まれた。その国は倭国の東北千里の処にある。
この国王が女王国の王女を娶って妻にして、産んだ子供が脱解王である。脱解王は成人になるにしたがい、身長九尺、その風格は神のように秀でて明朗、頭脳知識は人よりも、抜きん出ていた。（前）新羅王は彼が賢者あることを聴き、自分の王女を彼の妻とさせた。

*尼師今の王号は君主・大王の意である。

三世紀に女王国に入り婿したミマキイリヒコ（崇神）大王がイリ王朝を立て、熊襲征伐を行ったと『筑前風土記』逸文は伝えている。肥後益城郡の朝来名峰にいたその熊津彦王を建緒組に伐たせた。その後、崇神大王は国々を巡って、八代郡白髪山に至った時、大空に火が燃えて降りた国がイリ王朝。「火の下り国なれば、火の国というべし」と云い、火の君建緒純の性を与えた。それらの事象が『日本書紀』景行記に伝承され、淡海の玉杵名（霊来名）、腹赤、姫大野姓、そして、松明による迎え火が、今の山鹿灯籠の起源と称されている。

百済が倭に朝貢、西暦三六九年に倭軍が朝鮮に出兵し百済を助けた。謝礼として百済の貴須大王から倭大王に贈られた七支刀（石上神宮蔵）がある。筑紫の瀬高には七支刀を持った武人像が存在する。*

＊『卑弥呼の陵墓　江田船山古墳の真実』荒木信道

応神帝（ホムタワケ）が河内王朝の始祖王とされている。ワケ王朝は銅鏡や鉄器（武器、農具）の生産を行った騎馬民族が支援協力して、中央に大臣・大連を地方には国造・県主の官職を設けた。その応神帝に贈られた七支刀が筑紫のみやま市大神集落にあった。

西暦三九一年に倭軍五万が百済・新羅を破ったことが高句麗大王の碑に刻まれている。これらの九州倭軍は有明海や八代海から出港した。筑後川、菊池川、白川、緑川流域の民兵であると考えられる。

西暦四七八年、倭王武（磐井王）は宋國より安東大将軍倭王の号を授かった。

西暦五〇三年、百済の武寧王（嶋王）から、倭王（日十大王ソカ）と男弟王に贈られたものが隅田八幡鏡として残っている。ソカ大王が磐井大王で、男弟王が哲ではなかろうか。

薩摩の川内川や肥後託馬野に河内直王の豪族名が記されている。武寧王は筑紫（九州）の生まれで、初めは嶋王と云い、箱船に乗り海を渡って、百済に戻り王になり、浦島伝説のもとになったと云われている。

百済武寧王陵には肥後の清原古墳群からの出土品（金製冠、金靴、金耳飾り）と同様のものが収められていた。

八世紀初頭、筑紫御井《みい》の持統女帝、太宰帥河内王（香春兼務）が治めていたその御陵が香春町にある。
　魏志倭人伝の邪馬台国の誤記を指摘している古田武彦は、歴史の事実を実証的に調査。文献の資料批判を通して、研究者が軽易に改変する事は誤りだと説いている。『三国志』魏志倭人伝には「邪馬壹国」とあったのに、これを「邪馬臺（台）国」として、ヤマト、ヤマタイなどとして改訂していて、問題視されていないと講評されている。
　津田佐吉史学や吉田武彦史学も同様、上代史、神話研究の歴史学者たちも同調しながら、その後の進捗がない。*　＊『邪馬台国魏使が歩いた道』丸山雍成
古代史には邪馬台国はなく、邪馬壹国であったとされ、誰も異議を唱えていないのも不思議である。
　九州王国の史跡にはそれらを実証する遺跡や遺物が発掘され、そこに「邪馬臺国」が存在していた。肥後菊池市や筑後みやま市山川には王国を守る山門が存在する。それが日本国の発祥、〝姑蘇臺〟である。
　今後は『古事記』『日本書紀』『風土記』『万葉集』の字跡の研究も必要であると考えられるが、それらに固執するのも多々問題がある。*　＊『新荒木田史学』
　春秋戦國の覇「斉、晋、宋、秦、楚、呉、越」の國情や地名を著すのに、紀元前六世紀、孔子の『春秋』の書にも収められている。呉國の姑蘇臺は呉王夫差の都である。中華人民共和國の蘇州では名をウテナ（臺）と命名されている。*　＊『十八史畧訓蒙』
　その臺（俀うてな）が菊池市に存在し、菊鹿台地を見下ろす山城高台にその臺城の碑があ

る。

菊鹿郷八方ヶ岳麓のうてなの臺城《たいぐすく》は『隋書』に記された、俀王・阿毎、多利思北孤が君臨した王国の都で斑鳩宮や臺城が存在した処であろう。それで俀王《たいおう》と呼ばれた。

山城国うてな台碑
撮影／著者

第一〇章　帝紀に存在する肥人書・薩人書

『帝紀』に存在する『肥人書』と『薩人書』について、日本漢字の由来は、倭国の五王時代が定説になっている。全国各地から古文書が新たに発見され、日本古代史が書き換えられている。

最初の古文書は七一二年の『古事記』、七二〇年の『日本書紀』となる。その編纂の折には『帝紀』を基本に作成されたとある。

蘇陽幣立宮の神代文字
撮影／著者

『帝紀』の中に、『肥人書』『薩人書』が記載されている。*

＊『日本書紀通證―槼言二釋曰』

神代文字（阿比留文字）で有名な江戸国学者平田篤胤は神代文字の研究では第一人者である。この世に神代は存在したと考え、従来からの歴史を色々な角度から見直した。

『古事記』『日本書紀』などは必然で、基本となる歴史書の数々をどのような形で朗読し、書き写したのか、判明していない。

熊本県に大自然の生命と調和する聖地、地球隠れ宮の幣立神宮が存在する。

五色神祭という祭があり、世界人類を大きく五色に大別し、世界中から様々な国々・民族の人々が参集し、人類の安泰と幸福、平和、自然への感謝の祈りを運ぶ、祭である。

この神宮には神代「アソヒノオホカミ」、阿比留文字で彫られた刻文字の石板が社宝として存在する。

『日本書紀通證』に見える『肥人書』『薩人書』は次のようになる。

『肥人書』五巻については『日本書紀通證』大蔵省御書中有二肥人之示六七枚許、其字皆用二假、或其字不レ明、或乃川等字明見レ之、若似レ之爲レ始歟。擁するに〝大蔵省ノ御書ノ中二、肥人ノ字六七枚アリ、其字皆假字ヲ用ユ、其字イマダアキラカナラザルモ、乃川（ノゴウ）等ノ字ハ明カニミユ、コレラヲ假字ノ始トスベキトミヘタリ〟（『釈日本紀』二見ヘタリ）とある。

平田篤胤は『古史徵開題記』の神字日文傳で次のように記している。

対馬國卜部阿比留氏所傳日文、出雲国大社傳日文等の奥書を証として、『釈日本紀』に「肥人書とあるは、今傳ふる神字の草書を、肥後人の書けるなり」と論じている。

『薩人書』については冷泉大納言爲冨卿ノ書籍目録二、〝薩人書トイヘル物アリ、是モ肥人書ノ類ニシテ、薩摩人ノ用ヒシ書體ナルヨシイヒ傳ヘヌ、サレバ是モ亦我國ノ書ノ一體ナルベシ〃とある＊。

対馬國卜部阿比留氏傳碑文の奥書に「右神世行文中古所謂肥人書也」、総國人大中臣正幸傳とある。

出雲國大社傳日文の奥書に「右神世草文中古所レ謂薩人書也」、武蔵國人金井滌身麻呂傳とある。

＊冷泉家とは藤原道長の四男大納言藤原長家を始祖として、御子左家冷泉為相・公卿が始まりであった。秘宝、冷泉定家自筆の『明月記』が有名である。宮中に仕えた冷泉家は天皇家とは極めて深い関係があり、天皇ゆかりの品々が多く伝世している。

結論として、日本古代の古文書として、九州王国より流布して、その後は山陰、山陽、近畿へ。出雲王国より東北、関東八州に波及せしめた。

「肥人書、薩人書の名も傳れるなりしが、常世には傳せず」とある。近畿王権が自らの王朝を正当化する為に歴史上からも、これらの文書を削除せしめた。日本文化の真髄を形づくり、伝承された古文書等が今各地で発見されている。

帝王歴代の事を記録せしめる書である『帝紀』『肥人書』『薩人書』はこの世の原書なりと、これからも考察し、紐解いていきたい。

古書『襲国偽僭考《そのくにぎせんこう》』（国立図書館蔵、江戸国学者・鶴峯戌申著）は次の文章で始まっている。

《此書は古昔呉の支庶。我か西鄙《さいひ》を逃来り。其子孫強大にして。を粧ひ。城郭を築き。そのかみより。漢の文字を取扱ひ。みすから王と称して。国號を立漢土に通し。或は新羅と婚し。もし意に合ざれは文を移して侵掠し。暦を作り年を記し。寺を建銭を鋳。都而漢土の擬僭の国に異ならす。書記に熊襲と有是也。又今来の隼人といへるも是なり。という考也。かくてしばしば征伐有しか共。千有余年を経て猶亡ひず。元正帝の養老四年の西征に至て。逐に亡ひたり》

「襲国はもと書記神代巻に。日向の襲と見え。景行の巻に。襲の国とある地にして。倭名抄に薩摩大隅国曾於郡とある是なり」。それらの在所を明らかにしている。

第一一章　中國美人、西施と楊貴妃と乙姫

呉國の西施について、中國の西施は春秋時代（前四七三年頃）、浙江省では絶世の美女と云われた、呉王夫差の側室である。越王勾践は呉王夫差に負け、その命の代償として、越國の美女西施を提供した。呉王夫差は西施の色香に溺れ、それらが起因して、呉國は滅んだ。中國杭州に風光となりし西湖がある。此の湖は美女西施（西子）になぞらえるほどに美しい明媚な湖地として、歴代の詩人たちが訪れ、数多くの詩を残している。宋時代に蘇東坡《そとうば》が詠んだ「飲湖上初晴後雨（其二）湖上飲む　初め晴れ　後に雨ふる」がある。

《水光瀲灩晴方好　　水光は　れんえんとして　晴れまさに好く。
山色空濛雨亦奇　　山色　くうもうとして　雨また奇なり。
欲把西湖比西子　　欲すなる　西湖をとって　西子なり。
淡粧濃沫摠相宜　　たんしょう　濃沫に　総べて相よし。》

西湖の水面も陽光を浴び、晴天にはまさに好く、周囲の山々が雨にけむるのもまた良い。この素晴らしい西湖を絶世の美女で、西施に例えて見ると、薄厚化粧もすべてが宜いとい

うことになる。＊

＊『中国漢詩の旅』執筆田川純三・監修井上靖

西湖には有名な説話が残る。日本で有名な「白蛇伝《はくじゃでん》」である。ある青年が道に迷った少女を救った、そして、少女の母と知り合った。その女性はまるで西湖を映したように妖女で、青年はその愛に溺れた。女は白蛇の化身で、青年は蛇淫にかかり、殺されかけるが道士に助けられた。その後、道士に殺された白蛇は塔の下に丁重に埋葬されたと云う伝である。

唐國の楊貴妃について、中國・唐の皇帝玄宗は安禄山の乱を避けるため、帝都の長安を離れた。長江上流の四川省を目指す途中、配下の護兵士に不満が湧き起こり、君主を迷わせたとして、楊貴妃にその怒りが集中したため、君主は敢え無く、楊貴妃を殺させた。

その妃墓が陝西省興平県馬嵬坡《ばかいは》にある。楊貴妃にはなぜか悪評が聞かれない。それは無残な最期と、哀れな数々の名詩がある由縁だろうと云われている。ところで、この妃墓には楊貴妃の遺体が存在しない。

玄宗が都長安に戻り、その埋葬の地を掘らせたところ、そこには遺体がなく、香袋が残されていたとある。唐妃楊貴妃はそこで、死去することなく、東国の九州に亡命したという伝説が生まれている。

かつて存在した熊本県天草市新和町には〝楊貴妃〟という地名が存在し、高貴な女性が来訪し、居住したと伝記にある。その後、疫病が起こり、高薬で島民を助けたという逸話もあり、それらが肥後のアマビエ伝説に繋がっていると考えられる。そこには楊貴妃像がある。＊

＊『筑前風土記』逸文

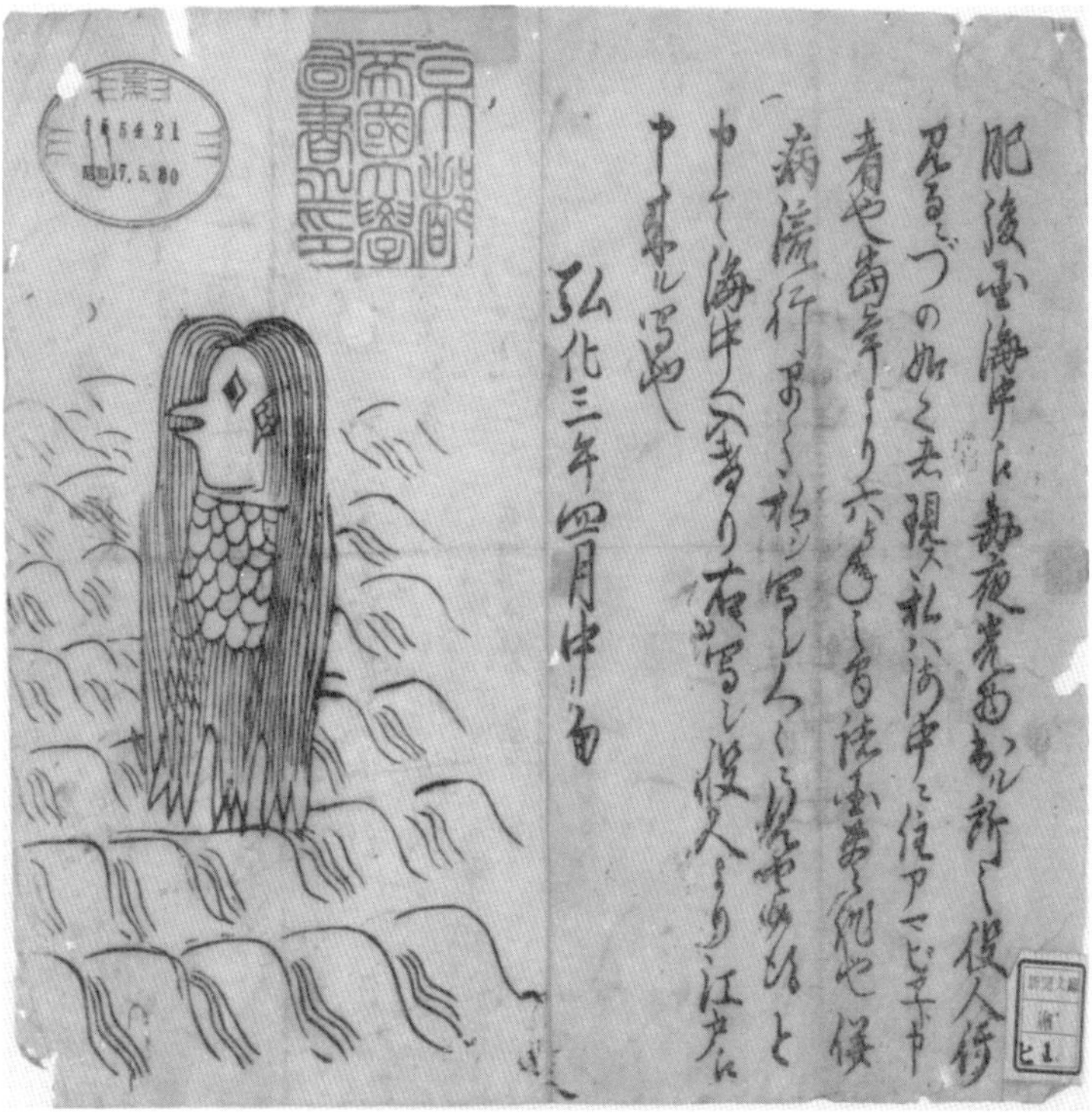

肥後アマビエ画
京都大学附属図書館収蔵

山口県油谷の二尊院にも見事な楊貴妃像や「楊貴妃の陵墓」が存在する。京都府・泉涌寺には楊貴妃の観音像があり、天国で咲いている花（宝相華《ほうそうか》）を抱いた彫刻は見事である。泉涌寺は肥後僧・俊仍が建てた御寺であり、唐妃の楊貴妃や清少納言は何故か肥後との関わりが深い。

熊本県天草市の楊貴妃像
撮影／著者

日向乙姫の女神像については次のようにある。「天の岩戸」の岩陰遺跡がある。熊本県菊鹿吾平山の日向にあり、御陵《みささぎ》と呼ばれている。

御神の招命があって、天の岩戸が開き、天照大御神で龍神の乙姫が人魚姫の御姿で躍り出て、世界人類の破滅を救うため、《蘇ってきました》と、申されたとある。この日向地で生まれた、神武帝妃の吾平津姫は卑弥呼女王の継承とも云われている。

乙姫像
撮影／著者

熊本県菊鹿の吾平臺台地の近郊にはウガヤ王朝の大王陵があり、乙姫像や中國長江流域に生息する、吾平トビカズラの原木もある。

天照大御神の天孫族が九州島で最初に地歩を固め築いたのは、菊池河川の臺台地に比定され、『日本書紀』神代紀に《筑紫の日向の高千穂の久士布流多気》〝つくし乃ひむき乃たかちほ乃くしふるたけ〟と記述する。

日本神話の「海幸・山幸」の物語は海幸の釣り針をなくした山幸・火遠理命が海神の宮にいき、釣り針を得て故国に帰った。

肥後の小野崎遺跡からは鉄器の銛《もり》や海幸の釣り針二本が出土している。

海神女の豊玉姫と結ばれて、産屋の屋根も葺き終えぬうちに、ウガヤフキアエズノ尊を産んだ。然るに豊玉姫は山幸彦に産時の姿を見られたのを恥じて、海神宮に帰ってしまい、代わりに妹の玉依姫をやって、ウガヤ尊の養育を頼むという物語である。

ウガヤ尊は成人して、叔母の玉依姫を王妃として娶り、神武帝が生まれた。

筑紫の日向・吾平神社の祭神は大山祇神で、地元の人たちに「陵」と伝えるウガヤフキアエズノ尊の御陵も存在する。

第一二章　武内宿禰尊と葛木襲津彦命

九州の神々の中で武内宿禰に擬せられる神、久留米・高良山の天族玉垂命である。

第八代孝元大王（天皇）の孫が武内（建内）宿禰尊である。

筑前の樫日廟（香椎宮）では神功王后（息長帯比売命）を励まして、神行事を行い、朝鮮國征伐の先頭に立ち、応神のお産に立ち会い、全国制覇の指揮を執った。筑後三潴縣の大善寺玉垂宮では祭神が武内宿禰尊《たけうちすくねのみこと》と葛木襲津彦命《かつらぎそつひこのみこと》（姓荒木田）とある。

大阪府寝屋川市打上の高良神社は祭神を武内宿禰尊とする。東北、関西においてもしかり、九州の神々として至る処で祀られている。高良山は高木神の山であり、筑紫・筑後川の要衝で、基山の東麓に筑紫宮が控え、有明海に臨む広大な沃野がある。そして、三重県伊賀市の荒木神社は祭神が荒木田襲津彦命である。

「神功王后」とはあとから奉った名であり、彼女の正式な名は息長帯比売《おきながたらしひめ》である。『古事記』には次のように系譜をかかげる。

息長宿禰王と天日鉾《あめのひほこ》の葛木高額比売が産んだ姫が息長帯比売とある。

『日本書紀』でも同じように妻を追って、倭国に来た話があり、朝鮮國・大加羅國王の王子・都奴我阿羅斯等《つぬがあらしと》と記されている。

豊前京都郡香春には現人《あらしと》神社があり、祭神はあらしと命である。そこには香春神社の女神がおり、そこの祭神が辛國息長大姫大目命である。

香春郷は銅山や青銅生産で知られ、織姫の呉姫伝説や香春寺（呉楽）が存在した処、これらは秦氏の渡来民らとの密なる関係を保ち、その後、辰韓の居住地と完全に一致している。

お札の歴史
国立印刷局

武内宿禰尊は大倭国の葛木縣五処里を本拠地と伝える。この「五処里」とは葛木里、玉手里、博多里、加茂里、室里とされる。荒木田襲津彦命の娘・磐乃媛（仁徳王后）が詠んだ歌がある。「葛木高宮　我が家のあたり」とされ、今の福岡市高宮あたりではなかろうか。『古事記』仁徳段には葛木襲津彦命の家は大倭国の葛木縣長江里にあると記され、『紀氏家牒』にもそれが見える。

荒木田朝臣家はこうした大王家との通婚より、葛木氏は、和珥氏らと並んで、四〜六世紀代の応神王統の有力な外威関係にあった。

明治政府発行の貨幣人物画に武内宿禰尊と神功王后があたかも親子のように、印刷されている。

《武内宿禰尊》については、次のような臣系図が『古事記』にある。

神武帝・第八代孝元帝の子は比古布都押之信尊《ひこふつおしのみこと》である。

その子である武内宿禰尊は次の系譜に繋がる。

武内宿禰尊
- 巨勢小柄宿禰（許勢臣、雀部臣、軽部臣らの祖）
- 木角宿禰（紀朝臣、坂本臣、都奴臣、大家臣、日佐臣らの祖）
- 波多八代宿禰（波多臣、淡海臣、波美臣、林臣、長谷部臣の祖）
- 蘇我石川宿禰（蘇我臣、河辺臣、小治田臣、田中臣、高向臣、岸田臣らの祖）
- 葛木曽都日古命〈荒木田〉（玉手朝臣、的臣、阿支奈臣、布師臣らの祖）
- 平群都久宿禰（平群臣、佐波良臣、額田首、都保臣らの祖）
- 若子宿祢（星川臣、江沼臣らの祖）
- 怒能伊呂比売
- 都野宿禰（姫部らの祖）

これらが武内宿禰尊の臣系図である。

天の日鉾と葛木高額比売の娘が神功王后━応神帝━仁徳帝となる。

葛木氏は肥前三根郷の伽都羅木《かつらぎ》に在名あり、佐賀県三根町天健寺出身の氏族で、その後に

矢護宮の絵馬（応神と宿禰、襲津彦）
撮影／著者

天智系統に繋がる家系でもある。久留米市の御井荒木郷に荒木田の地名がある。

往古から、肥後江田の日置《ひき》氏や御木の日奉《ひまつる》氏らと組みつつ、筑紫の有明海を取り巻きながら、交互活動等を共有していた。佐波良《さはら》は福岡市早良区を指し、額田氏が拠点としていた処であり、宇土市網田の額田臣も同門である。これらの周辺には大中臣神社の中臣氏（藤原）や巨勢氏も拠点として活動をしていたと、国立民族博物館にある額田寺の荘園条理図に記されている。

『薬師寺の向こう側』で、室伏志畔氏は九州からの古薬師寺の出現があり、奈良の薬師寺の淵源が、ここ筑後三瀦縣の大善寺玉垂宮にある、その礎石から紐解き、原薬師寺が存在したと書かれている。筑豊の京都郡香春郷には川原寺《かわら》（香春寺）が存在した可能性が高いともある。朱鳥元年（六八六）、筑紫では唐・新羅使の宴会に伎楽（呉楽）に使う雅器を香春寺から取り寄せたと、『大宰府・太宰府天満宮史料』巻一にある。

荒木田襲津彦命は武内宿禰尊の長子である。またの名を葛木襲津彦命とも云う。その娘は、『古事記』では石乃日売命（磐乃媛）は仁徳王の王后となり、履中・反正・弁恭の三王を生んだと『記・紀』は伝える。葛木襲津彦命の孫、葛木円王の娘・韓媛は雄略大王の王后となり、清寧王を産んだとされている。

記紀の所伝によれば、伊勢神宮の内宮禰宜《ねぎ》・荒木田命の母や娘、あるいは后妃としない大王は安康王だけである。それから、応神・仁徳王統の大王家を維持して、度重なる天皇家との通婚により、有力なる外戚として、明治時代まで伊勢神宮の内宮禰宜として、荒木田家は存在していた。今も伊勢神宮の十冠禰宜として、また官職として存在する。

筑紫・御井の筑後川沿いには「伊勢天照御祖神宮《いせあまてるみおや》」があり、祭神は饒速日命《にぎはやひのみこと》である。筑前には櫃日宮（香椎宮）もあり、九州王国の最後の御廟朝であった。櫃日宮は今も武内宿禰尊の系譜である禰宜で守護されている。

天平宝字三年（七五九）には太宰帥船親王*が御香椎廟に新羅を伐たんとする奏状を告ぐとある。この時点でも本宮は櫃日宮（香椎）で、大王（天皇）が許可采配し、居住していたのである。

*大宰とは官職の銘であり、太宰帥はそこの長官である。

『古事記』の孝元段には「葛木長江曾都毘古命」との表記もあり、古代・呉國の長江流域の

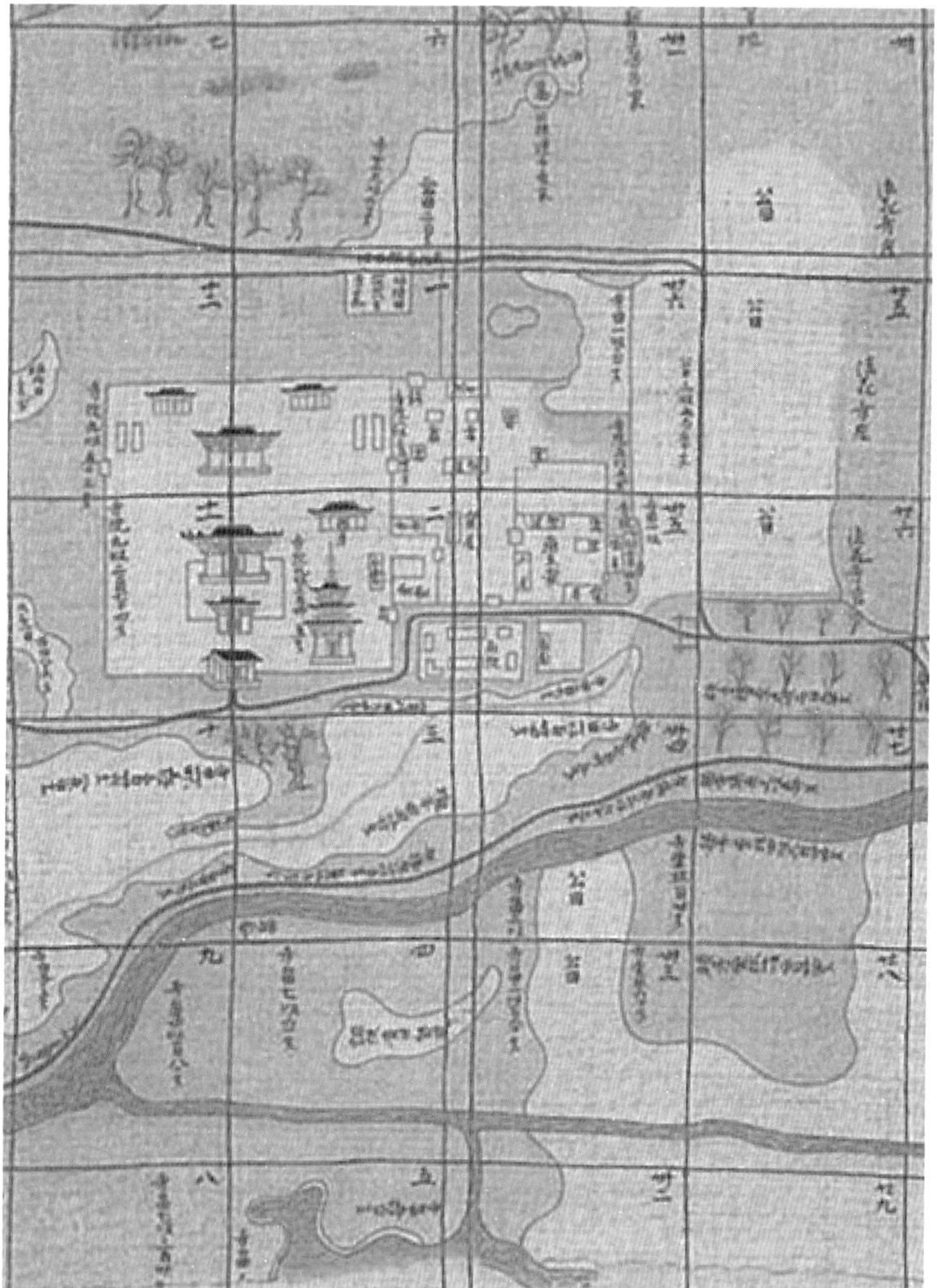

額田寺伽藍並条理図（復原複製）
国立歴史博物館

ルーツを想わせる名前でもある。

太宰帥が今の大宰府に居たとは限らない。政庁である都督府も時代と共に移動している。筑後御毛・瀬高・八女古墳群が周辺に数多く存在し、それらを詠んだ詩がある。筑後三潴《みづま》縣（水間）の大善寺玉垂宮の近くの、磐井大王の陵墓とされている、石人山古墳や石馬の岩戸山古墳は応神大王とその子仁徳王の陵墓ではないかと思われる。その周辺には王宮廟や陵墓を守り囲むように神籠石の古代山城が張り巡らされている。

応神帝は筑紫・肥後生まれで、宇佐八幡や橿日宮、宇美宮、肥後菱形八幡の伝承があり、九州王国では倭の五王と重なり、活動の範囲が四～五世紀頃と推定される。

『万葉集』巻十九の四二六一（荒木田氏伝）「太君は　神にしませば　水鳥の　集く三潴を都と成しつ」と筑後国上妻縣三潴（水沼）を詠っている詩がある。

壬申の年（六七二年）、淡海《おうみ》・大津京から軍を発した報に、肥後国河内《かだい》郷芳野（吉野）及び筑後国・御毛縣吉野にいた、天智帝の兄である大海人王子《おおあまのおうじ》が挙兵し、天智の子、大友王子（弘文帝）を戦いで破り、即位して、天武帝となったとある。白村江の戦いや壬申の乱はすべて、九州王朝の出来事で、今もそれらの地名が存在する。

高良玉垂宮縁起絵（絹本著色の玉垂縁起絵）があり、福岡県久留米市の大善寺玉垂宮が所有していたが、現在は京都国立博物館に寄託されている。南北朝時代（一三七〇年）に民部法橋忍知《ほっきょうにんち》が描いたとされ、国の重要文化財に指定されている。

大善寺玉垂宮の鬼夜と云われる勇壮なる火祭りで、祈一屯の松明《たいまつ》六基が奉納され、これら

大善寺玉垂宮図
京都国立博物館蔵

も火祭では全国一とされている。御船山・高良御廟大善寺玉垂宮と称した。

その古都水沼（筑紫国上妻縣三潴）の大善寺玉垂宮の条里荘園図には、武内宿禰尊の長子、荒木田襲津彦命の地名が書かれている。古代の豪族である巨勢氏、中臣氏の地名も存在する（九州鹿児島本線・荒木駅）。

荘園図にある寺が、額田寺の条理図となり、千葉県国立民族博物館の国宝として蔵されている。現在、福岡県久留米市荒木町で荒木田の地名が記されていて、如何にして、奈良県の額田寺に変貌したのか、その過程や詳細が不明とされる。

第一三章　荒木田襲津彦命と伊勢神宮

荒木田襲津彦命は武内宿禰尊（建内宿禰）の長子である。

福岡県久留米市荒木町（御井）、筑紫国筑後の三瀦縣には大善寺玉垂宮が存在する。その祭神には高良玉垂命、武内宿禰尊と荒木田襲津彦命とある。その後、荒木田姓は葛木姓を名乗る。

東京都大田区蒲田の稗田神社には荒木田襲津彦命が祭神で、石碑が建っている。荒木田の末裔、稗田阿礼の祖先が建立した神社との伝承がある。その後は荒木田曽都毘古を名乗る。

奈良県御所の葛城乃一言主神社に葛木（荒木氏）の万葉歌碑が存在する。この神社の祭神は一言主大神であり、この大神が雄略帝と出会った時に助言した次の逸話が残る。

「吾は　悪事一言　善事一言　言離つ　大神也」それを聞いた帝は恐れたと云われている。

『万葉集』巻十一の二六三九

〝葛木の其津彦真弓

荒木にも

頼めや君の　名告りけむ〟

稗田神社由緒

葛城一言主神社の桜井満書氏の石碑である。

第八代孝元帝の孫が武内宿禰尊であり、『古事記』にはその長子が葛木曽都毘古命とある。荒木襲津彦命ともされる。

伊勢神宮の内宮権禰宜を古代より、明治の初めまで、勤めていたのが荒木田家氏の一門で

伊勢神宮内宮
撮影／著者

ある。古代、神宮が所有する新田のなかには御饌料田《みけりょうでん》がある。神宮の主要な祭の時に捧げ、その御食事に用いる米を栽培する田であった。この田は神宮の創祀者である倭姫命が神の教えを受けて定めたものであると伝えられている。

この御饌料田が伊勢神宮には二町四段もあった。この二町が度会郡城田・田辺郷にあり、これらの合郷が神宮家・荒木田荘と呼ばれていた。

御田は第十三代成務帝の時、伊勢神宮禰宜（内宮）である荒木田の祖先が開墾して、神宮に寄付したものであると伝えられている。

禰宜は神宮を司る職で、内外宮にあり、祭祀や行政のすべてを統括していた。

主に《内宮》は荒木田氏、《外宮》は度会氏が世襲となり、これらの家々は神

玉垂宮鬼夜《おによ》

宮家と呼ばれた。神宮家は荒木田氏七姓・三十家。度会氏は六姓・三十家であった。

荒木田氏の祭祀が今も世襲されている。*

*司庁編『神宮神田概要　神宮神田祭儀制定概要』

我が国の古代史では荒木田（葛木）襲津彦命の実在説を諸処の古書文献や神宮の祭神の起こりを鑑み考察していく上で、真実が実在していた。

第八代孝元帝の王子・彦太忍信尊の宇知神社（大和国五条市）、長子の武内宿禰尊はその系譜である。

荒木神社（大和国宇知郡）は武内宿禰尊とその子葛木（荒木田）襲津彦命の祭神社である。

三重伊賀国の荒木神社にもそれらの関

連した詩が『万葉集』巻十一に存在する。

筑紫御井郷の高良山大善寺玉垂宮の上方に位置する、御塚・権現塚古墳は玉垂命の武内宿禰尊と荒木田襲津彦命の陵墓と考えられ、この地域名は王都の高三潴御廟といい、神宝の銅鉾・銅剣が出土している。御寺法花寺の広大な荘園が存在していた。

『古代荘園絵図と在地社会についての史的研究』と題して、『額田寺伽藍並条理図』国宝・国立歴史民俗博物館の研究報告二〇〇一年の資料編で発表されている。

この条理図が高三潴廟院・大善寺玉垂宮の伽藍配置や条理図地名・古墳の方向位置などを考察して、すべてが同位地図である。その中に荒木田氏、中臣氏、巨勢氏の地名も記述されている。

西暦二〇一三年に国宝大神社展が初めて九州国立博物館で展覧会を開催、公開された国宝『絹本着色玉垂宮縁起絵』が明治にこの宮から持ち出されて、京都大学に保管されていたが、現在は京都国立博物館に保管されている。

その縁起絵には二幅あり、第一幅は朝鮮半島で、三韓の王が神功王后に平伏している様子を描いたもの、第二幅は三潴王都の御井大善寺玉垂宮周辺を描いたものである。

縁起絵には高三潴廟院、風浪宮、大川酒見社などの文字が書かれており、玉垂宮前の広川（アレナリ）があり、武内宿禰尊が好んだ、黄孟竹《きんめいちく》や磐井大王、岩戸山の陵墓が描かれている。この大神宮を囲む周辺の筑後・矢部川流域には福岡八女・美山一の大古墳群が連なっている。福岡八女市の八女津姫命や瀬高町の宇津良姫命の陵墓もある。

九州王国の実在説を考える上で、貴重なる国民の国宝としてあるにもかかわらず、一般には公開されずに、絵図が埋没している現状に、古代歴史の研究者として、残念の極みである。

高良山玉垂宮の鬼夜は年初めに災厄を祓い幸いを招くという、千六百年余りの伝統ある祭で、日本一と云われる大松明が紅蓮の炎を上げて燃えさかる勇壮な火祭である。

葛木襲津彦命（荒木田氏）は「仁徳帝」「履中帝」「反正帝」の外祖父である。

葛木氏は福岡県御井の筑後川流域の右河流域の葛木郷（現・佐賀県三根町天健寺）出身の氏族である。

天平元年に玉垂尊を祀る高良大社に、武内宿禰尊と荒木田襲津彦命は祭神として合祀されている。

第一四章　倭の五王と磐井大王

倭の五王とは中國の南朝（宋（四二〇〜四七九年））に朝貢した讃・珍・済・興・武、五人の倭の王のことで、名前が中國風に一字で表記されている。

中國『史書』の倭の五王の記述に関して、次のようにある。倭武大王が西暦四七八年に中國宋朝に上表文を出している。『宋書』列伝（巻九七・夷蠻）には、

「順帝昇明二年、随使上表曰、封國偏遠、作藩于外、自昔祖禰、躬環甲冑、跋渉山川、不遑寧處。東征毛人五十五國、西服衆夷六十六國、渡平海北九十五國。王道融泰、廓土遐畿、累葉朝宗、不愆于歳、臣雖下愚、忝胤先諸、驅率所統、歸崇天極、道遥百済、装治船舫、而句驪無道、圖欲見呑、掠抄邊隷、虔劉不巳。毎致稽滞、以執良風。雖曰進路、或通或不、臣亡考済、寶念冠雖壅塞天路、控弦百萬、義聲感激、方欲大學、奄喪父兄、使垂成乃功、不獲一簣、居在諒闇、不動兵甲、是以堰息未捷、至今欲練甲治兵、中父兄乃志。義士虎貴、文武效功、白刀交前、亦所不顧、若以帝徳覆載、摧比強敵、克靖方難、無替前功、藕自暇開府儀同三司、其餘威各暇授、以勤忠節。詔除武使持節・都督倭新羅任那加羅秦韓慕韓六國諸軍事・安東大将軍・倭王」とある。

邪馬臺国、卑弥呼時代に使節の派遣。三〜四世紀に、九州王国で、漢字書体の上表文がすでに作成されていた。

この中で、「東の毛人を征すること五五国」及び「海北を渡りて平ぐること九十五国」とある。御井の高良玉垂命の神言にも「東は烏合の夷地を伏す、北は蜂起の敵州を伐つ」とある。

大王武（磐井）は先祖玉垂命（武内宿禰尊）の事績を思い出し、これらの文言を上表文に挿入したのではなかろうか。倭五王の王宮がある、淡海の三潴大善寺玉垂宮を拠点に、倭国王朝が存在していた。この五王の時代には、すでに東国を含めた、九州全土を支配下に置き、東国の瀬戸内・周防灘・伊予・讃岐・吉備・播磨や北国の出雲・越州・陸奥も、すでに九州王国の支配圏であった可能性が高い。これらは倭の五王・讃たちが築いた王国であり、倭の五王の武は磐井大王に肯定される。それらの史跡が石人古墳や古代城址の神籠石や青銅器（銅鏡、銅鉾、銅剣）の出土からして、すでに実証されている。

「西の夷を服すること九十五國」とある。すでに先王たちが頂いていた、「使持節・都督倭、百済、新羅、任那、加羅、秦韓、慕韓・七國諸軍事、安東大将軍、倭国王」という称号のことである。「開府儀同三司」も認めてほしいと宋帝に願い出ている。軍事や行政機関の総府として、筑紫御井の府中に開府されていたと思われる。

『南斉書』列伝・高帝建元元年（四七九）にも倭王武を使持節都督倭〜鎮東大将軍になすとある。『梁書』帝紀・武帝天監元年（五〇二）に鎮東大将軍倭王武を征東大将軍に進める。

太宰府天満宮に国宝『翰苑』がある。唐の張楚金が記した書物で、項目毎に記述をまとめた百科事典（類書）である。

『翰苑』蕃夷部倭国には九句の本文があり、その九句の中にも五世紀、倭の五王に関する一句が記載されている。

倭国上の九句について、一世紀の金印紫綬について一句、三世紀の横島場臺国に関する事柄が六句、五世紀の倭の五王に関する一句、七世紀の聖徳太子の冠位十二階についての一句である。

倭の五王に関しては次の通りである。「阿輩雞彌。自表天兒乃稱」、そして、注釈には「宋書曰、永初中、倭国有王、曰讃」とある。中國年号の永初三年（四二二）。

本文の「阿輩雞彌」は、『隋書』倭国伝に倭王が号した名として出てくる言葉であるが、注釈の内容はいわゆる、倭の五王に関しての記述である。

倭王・武の中國的記述の存在を『日本書紀』から、探って考証する。

西暦五二七年、筑紫国造・磐井王が叛いた。継体の命を受けて、物部麁鹿火《もののべのあらかひ》が討伐に向かった。翌年、磐井大王と物部は高良北麓御井郡で戦い、磐井は敗死したとある。

『筑後風土記』逸文は次のように伝える。《豊前の国上膳縣《かみつみけ》に遁れて、南の山の峻《さか》しき嶺の曲《くま》に終《う》せき。ここに物部軍、追い尋《ま》ぎて跡を失ひき》とあるので、逃れたと思われる。

磐井の王子・葛子は筑前糟屋郡の地を献上したために、死をまぬかれたとある。

倭王武の在世と磐井大王世が、完全に重なり、磐井は倭王武であった可能性が非常に高い

高良山神籠石
撮影／著者

と、大分県玖珠町、歴史家の藤井綏子氏は唱えている。

その筑前糟屋郡には、この観世音寺鐘と同じ器形で造られた兄弟鐘として、京都・花園妙心寺の鐘（総高一〇五一センチ、口径八六センチ）が知られている。銅鐘の内に「戊戌年四月十三日糟屋評造春米連広国鋳鍾」と銘があり、筑前・糟屋評で金銅が鋳出されている。

この国宝の梵鐘には戊戌年の銘があり、文武帝二年（六九八）にあたる。

倭の五王と神籠石の所在地は九州の有明海地域や山陽・四国の瀬戸内海を囲む地域に集約される。

八世紀、『日本書紀』に記された、朝鮮式山城の六基（金田、大野、基肄、鞠池、屋島、高安）が築城された

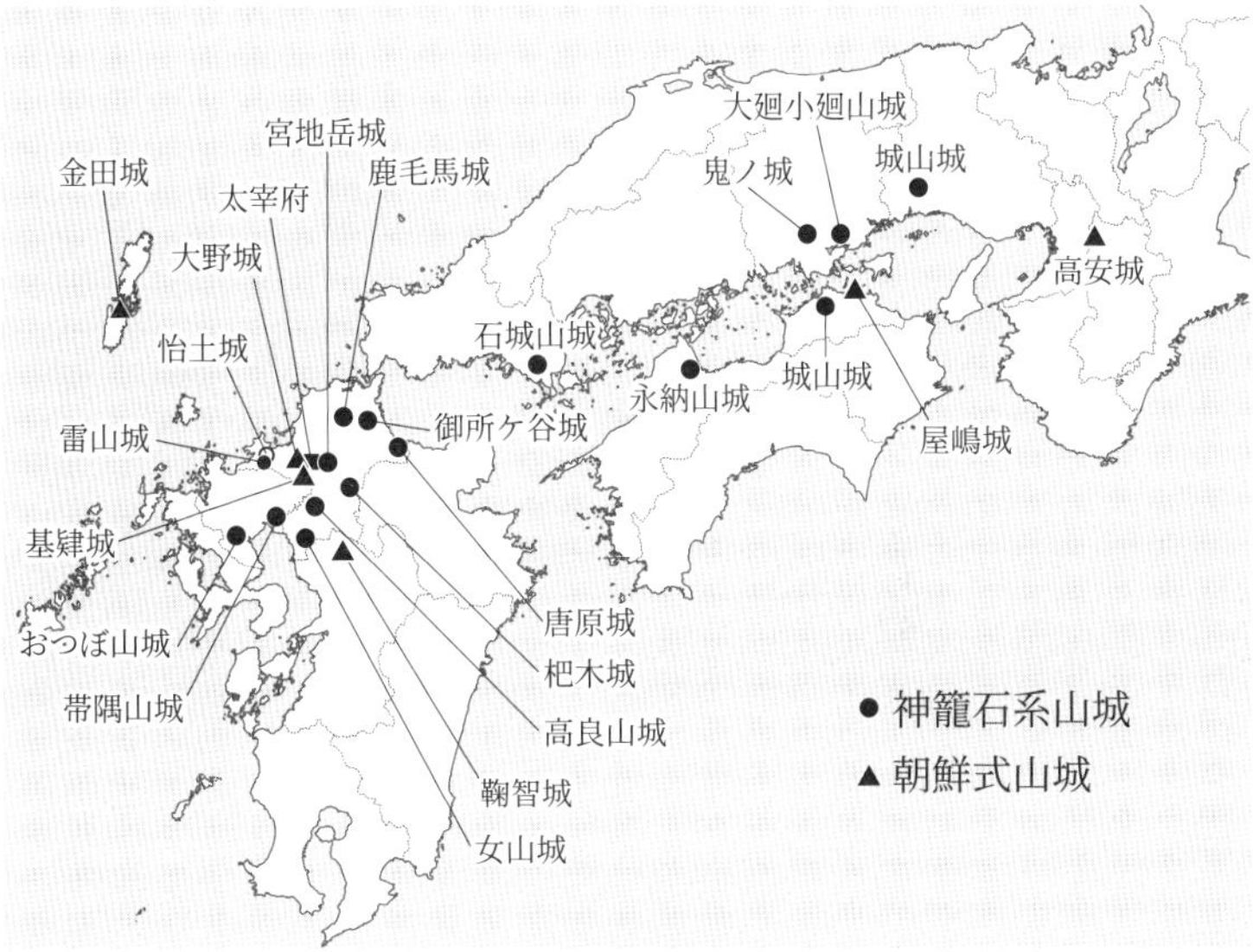

神籠石配置図

とあるが、神籠石系山城とは時代的に異なる。

倭の五王時代に、九州王権が見張台として設けた古代山城の史跡である。特に本宮の大善寺玉垂宮を守護するように築城されている。

史書『記紀』には記載されない、九州系統の神籠石《こうごういし》の一〇基（高良山、女山、宮地岳、帯隈山、おつぼ山、杷木、雷山、鹿毛馬、御所ヶ谷、唐原）と瀬戸内系統の神籠石（山口縣石城山、永納山、讃岐城山、鬼ノ城、大回り小回り、播磨城ノ山）が存在する。標高二〇〇～四〇〇メートルの中腹で眺望の良い場所に設けられている。神籠石は朝鮮式山城と違って、列石や土塁で簡素に構成され、それらが山腹を取り巻いて設置されている。

顕著なのが福岡県久留米市（御井）の

「高良山の神籠石」と佐賀県武雄市にある「おつぼ山神籠石」、福岡県みやま市の「女山神籠石」である。すべての神籠石は九州王権が構築した守護城であった。

五世紀、倭の五王時代（讃・珍・済・興・武）に遡る遺跡として、この神籠石の遺跡を挙げる。

この時代の九州王国（倭国）における支配権は中國王朝の管理下に置かれていた。南宋時代の西暦四二〇年に、倭国の五王たちは、倭王としての地位を認めてもらうが為に、朝貢していた。この時代、倭の五王は近畿王権の王ではない。

彼らは九州王国の大王であり、安東大将軍の称号や百済、新羅、高麗國の統治、そして倭王として国を治める許可を得ていた。

出雲王権や近畿王権から九州王国を守る、その出先圏が有明海、周防灘、瀬戸内海域に配置した神籠石の山城であり、そこを拠点に吉備（岡山）、播磨（兵庫）まで統治していた。

九州王権が派遣した倭兵を駐屯させ、古代の国家を創り上げていった。それらの王国には青銅器（銅鉾、銅剣、銅貨、銅鏡、銅鐸）が数多く埋葬され、今も出土している。

第一五章　倭国の文化と伝記

青森県で発見された古文書『東日流外三郡誌《つがるそとさんぐんし》』は津軽地方（鼻輪・田舎・平賀・有馬・恵留間・奥法）のうち、津軽三郡（有馬・恵留間・奥法）を中心に呼び、風土記と云うべき古文書集で、この地方に代々受け継がれてきたものである。

その中に今日の歴史認識である『記・紀』とはまったく異なることが記されていて、神武王朝が始まる以前に、鵜飼王朝（ウガヤ）が七三代（一〇八〇年間）続いていたと記されている。西暦一九七五年に初めて、一般に公開された史書である。

大分県の『上記・うえつふみ』は大分県立図書館に蔵されている。『上記』は豊後守大伴能直公が編纂した。『東日流外三郡誌』には九州王国の閼蘇部《あそべ》族と出雲王国の荒吐《あらばき》族との連合のことが記載されている。

九州の中心にある阿蘇（閼蘇）は中國『隋書』に記された偉大なる如意宝珠の山で、九州王国の発祥地と書かれている。

中國春秋時代の呉族（ウ族）が其の後の「閼蘇部」であろう。日本の故事で知られる呉國はウコクと読む。

中国・山陰の出雲王国に越族である「荒吐族」がいたとある。呉越同舟である。『上記・うえつふみ』には『東日流外三郡誌』同様の内容が書かれ、東北の青森県と九州の大分県の古文書に同じ記述があるのが不思議である。『東日流外三郡誌』と同じ記録を残している古文書が他にもある。『竹内太古史』（上茨城皇祖皇太神宮）、『九鬼神伝精史』（紀伊熊野本宮）、『富士高天原朝史』（富士皇太神宮）である。

古代暦について、『襲国偽僭考』（鶴峰茂申著）に古代年号が記述され、玉名郡和水町の石原庄屋の蔵からも、同じ「和水暦」が見つかっている。

玉名郡和水町にある江田船山古墳出土の銀象嵌銘大刀に七五文字の金石文や天馬・鵜・魚・菊の図柄が彫刻されている。

熊本城古墳祉から甲子暦（西暦六〇四年）が記された銘刀が出土していて、俀王・阿毎、字多利思北孤の在位と聖徳法王の時代と重なり、注目が集まっている。

飲食の文化についての初見、肥後の赤酒と中國の紹興酒は同じ酒である。赤酒は熊本では馴染みのある飲み物である。中国の揚子江流域には紹興邑があり、紹興酒（赤酒）を現地で頂いたことがある。

不思議なことに原料や色も同一で、肥後では食用酒として、特に正月用の地酒である。呉汁は大豆を原料とした食卓には欠かせない料理で、字の如く、呉國の名を称したルーツと思われ、ここ肥後ではよく愛食されている。

松尾神社の酒桶造り
撮影／著者

松尾神社は酒の神様で、現在も九州各地から酒の神様として、参拝されている。

宗教の文化について、五世紀、熊本県玉名市石貫の横穴式古墳には阿弥陀如来像が彫刻されている。日本の古墳内部に彫刻された観音像はここだけである。大分県臼杵市の摩崖仏や石仏も有名である。国東半島には国宝の富貴寺があり、古代寺が程よく隣立している。明治の廃仏毀釈で、九州の古代寺はほとんどが壊滅したが、廃寺遺跡として存在している。

全国で神社の数は十万社がある。その中で八幡神が六万社で、最も古い八幡宮とされるのは、熊本県・菱形八幡宮である。*

＊『神皇正統記』

福岡県田川郡にある銅鳥居の鏡神社、大分県宇佐市の鷹神社がある。宇佐八幡宮を含め、国宝とされる三角縁神獣鏡が赤塚古墳や角房古墳などからも多数出土している。

三世紀、香春神社の採銅所址に鎮座する古宮八幡宮では毎年、壹回銅鏡が鋳造されて、宇佐八幡宮に納められていた。

西暦七六四年建立の奈良東大寺の大仏像（盧舎那仏）建立の際には、福岡県香春町・鏡神社の清祉殿から奉納された青銅と山口県長登《ながのぼり》銅山の青銅で、東大寺盧舎那仏像は造られた。その影響で、今も東大寺と八幡宇佐は神仏習合での祭司を行っている。

その時の東大寺造営の長官は太宰帥の吉備真備であり、吉備国で采配して完成させた。*

＊『大宰府・太宰府天満宮史料』巻一

アメリカのボストン美術館に日本国宝級の「吉備大臣入唐絵巻」があり、特に話題になっている絵巻三巻も存在する。

遣唐使として唐に渡った吉備真備が唐の官人から様々な難題をもちかけられ、力量を試される。吉備に難読の『文選』を与えて、誤りを指摘しようとした唐の文官・博士が吉備にしてやられて、帰る場面の図柄となっている。

これらが流出した背景には、国の文技官であった東京藝術大学の岡倉天心らが関与したという、当時の記録が存在する。

この福岡香春産地では採銅・精錬遺跡址があり、亜鉛・金・銀も多く採れていた。ここで作られた黄金仏像が、北九州市・小倉藩主（後肥後藩主）であった、細川家の家宝となっている。

耶馬臺国・女王卑弥呼の三角縁神獣鏡も田川市香春郷で制作され、これらの青銅鏡が全国の王女たちに配布された。九州ではこの銅鏡が多数出土している。

聖徳法王が特に愛用した、六世紀の青銅八鈷鈴がこの世に存在する。

八鈷鈴は密教の修法に用いられる法具のうちの一つで金剛鈴とも呼ばれた。

鈷鈴は人々の煩悩の悪を打ち破る意味の鈷（古代インドの武器）と音響を出して、人々の眠れる仏性を呼び覚ますための鈴を一体化したもので、鈷部の数によって独鈷鈴、三鈷鈴、

八鈷鈴（荒木田氏家蔵）
撮影／著者

五鈷鈴、八鈷鈴、九鈷鈴と呼ばれている。

特に、この八鈷鈴は鈷部の数が八で、鈷部の七形は制作が非常に難しく、高度な造形を留めたものである。

鈴部に装飾する蓮弁も飛鳥（蓮の花）の特徴を示していて、国宝級なる貴重な密教法具である。

古代暦と銅鐘について、白雉や白鳳年号（六六一～六八三年）が九州年号にある。正史に現れない年号が準公用語の年号としてまかり通っている。

白鳳三年（六六三）、白村江の戦いは唐國と新羅國の連合軍を相手に戦った事変である。百済國の救援に際して、斉明帝が天智帝（中大兄皇子）と天武帝（大海人皇子）らを伴って筑紫国へ向ったのは斉明七年（六六一）元旦であったとある。筑紫国三宅村磐瀬の行宮に滞在し、筑紫朝倉広庭宮に移り、七月二四日に斉明女帝は崩御したとある。その菩提寺が太宰府観世音寺である。最古の梵鐘がある。京都府妙心寺の両梵鐘も国宝として存在するが、二つとも筑紫国糟屋郷で制作されている。奈良県の川原寺も斉明女帝の菩提寺とある。

百済國・倭国の連合軍は百済白村江において、壊滅的な打撃を被り、筑紫王の薩野馬は降伏して、唐軍の捕虜となった。『日本書紀』では、この戦いは近畿王権による出兵としているが、九州王権の治世で、近畿王権の治下ではない。

『肥後国誌』に将軍の壬生諸石が肥後・山本郡合志郷を恩賞地として与えられたとある。

宇佐元宮の鷹居瀬社は壬生鷹居の氏神という。大分県中津市には鷹神社があり、そこで採れた薦枕の神体を運ばせる神輿行事がある。『八幡霊異記』に〝我は辛国《からくに》より来りて、初めて日本の神となれり〟とある。

宇佐八幡は秦氏・壬生族の氏神である。賀茂族も壬生族の継承であり、全国の賀茂神社も統合する。

豊前宇佐八幡宮と肥後菱形八幡宮の両菱形池は「日本発祥八幡神出現勝地」と『神皇正統記』に記されている。九州王国には南船北馬の二つの文化が影響、融合して存在した。

応神帝（ホムタワケ誉田別）は倭の五王のワケ王朝の祖であり、中國の秦王國では景教（キリスト教）、そして、八幡社が広まり、聖徳法王を補佐し、九州の京都《みやこ》郡《ぐん》香春《かわら》にはそれらの氏族である秦河勝がいた。

秦の始皇帝の銘で、紀元前三世紀に徐福が不老長寿の薬草を求めて、数千人の老若男女を連れて倭国に渡海してきて、伊都国の地王と成る。

三世紀に後漢が亡び、東漢の高祖帝の子孫、阿知王を始め、数百人が倭国に亡命してきた。朝鮮王國（高句麗、新羅、百済）からも多くの渡来人が流入してきている。朝鮮國にあった任那府（倭国）の影響もあり、朝鮮からの往来も頻繁にあった。

肥後の和水暦は西暦五二二年（善記《ぜんこ》）から西暦一八五〇年までが記載された古代暦が存在する。九州年号も善記から始まっている。西暦一七五四年（宝暦四）に肥後の惣庄屋石原家が作成した。この古歴は倭五王の武（磐井大王）が作成したものと云われ、旧和水暦（九州年号）を参考に作成された。

白雉・白鳳年号など倭国の名を冠する暦は九州王権がつくり、そこに古暦が存在したことを意味する。奈良の正倉院にも古代暦が存在する。

大宝年号（七〇一〜七〇四）は中國都督府の年号であり、大宝律令も唐の律令を参考にしている。天武帝・持統女帝（九州王権）が、大宝律令を基本に作成したのが養老律令となる。

近畿王権で年号の初めは大化と云われているが、新暦の使用が出てくるのは養老四年（七二〇）以降の天平時代からと推測される。

第一六章　天皇陵と御寺泉涌寺

月輪太師俊仍（一一六六〜一二二七）は、肥後国（熊本県）の日羅上人が建立した益城郡常楽寺近くで生誕。太宰府の観世音寺戒壇院で具足戒を修めた。三輪・成実・法相・倶舎・華厳律・天台・真言の八宗兼学の学僧として著明である。

御寺泉涌寺は京都東山の南今熊野にある真言宗の泉涌寺派の本山である。この地に西暦八二四年、空海が仏舎を建立、法輪寺として創建したが、後に仙遊寺と称された寺である。俊仍は『泉涌寺勧縁疏』（国宝）を起草し、寺造営の資金を集めて、伽藍を再興して、御寺名を清泉の湧き出た、吉兆にちなんで泉涌寺と改名した。

全国八宗兼学の道場として、教学の充実にも力を注いだ。

後鳥羽院・後高倉院などの帰依を受け、貞応三年（一二二四）帝勅願の御寺となった。その後、応仁・文明の乱の兵火により大半が荒廃したが、織田信長、豊臣秀吉の寺領寄進や寛文四年（一六六四）、後水尾天皇の勅願により再興されたとある。

泉涌寺境内には楊貴妃の観音堂や夢の浮橋などの名跡を有し、東方には四条・後光厳・後円融・後小松・光格天皇などの御陵がある。

泉涌寺御陵
撮影／著者

建保六年（一二一八）、宇都宮信房（入道道賢）から、高僧俊仍はこの仙遊寺の寄進を受けた。

肥後の木葉郷には春日大明神宮があり、天津児屋根命を祭神としている。「宇都宮大明神社」とも云い、宇都宮信房が肥後に下向した折、大神宮を再興して、改名した。

この当時、我が国で戒律が衰微したことを嘆いて、俊仍は建久十年（一一九九）、三十四歳で入宋を決意して、中國の天台山や径山に遊学、十数年の研鑽を積み帰国した。

帰国後に肥後国玉名郷の小泰山（蓬莱）に正法寺を創建し、その後、南朝時代に菊池氏と小代氏との戦禍で焼失してしまい、今は観音堂祉として残っている。

「泉涌寺」には不思議なる、楊貴妃観音像と肥後に関わる清少納言の石碑がある。

熊本県天草市にある楊貴妃の地名や楊貴妃像と、アマビエ像に関わる御利益の薬伝承が存在する。

肥後守・清原元輔の神社や石碑が熊本の春日杜や金峰山《きんぶせん》にあり、元輔の娘が清少納言である。

『枕草子』に有明海の「たはれ島」を題材にした詩があり、文豪夏目漱石は『草枕』を書いた。

歴代の帝や天皇の御寺として、存在するも知られていない。修学旅に、九州人は訪問すべき処である。

第一七章　九州の逸話と阿蘇王朝

九州王権の逸話と神話を紐解いていくと次のようになる。

中國の夏王朝（夏后氏）は紀元前二一世紀の初代禹帝から始まったとされる。紀元前三世紀、『書経』夏書の禹貢編に「禹　九州を分つ」とある。中國夏王朝の禹帝が治めた地を、九つに分けて、【九州】銘の語源、帝王の直轄地を顕す銘で、中原、中國・中華に匹敵する、天地なのである。

禹帝は領土を九つに分けて治め、九道、九山、九河も統括していた。『十八史畧訓蒙』の「牧九牧乃金」に、九州の牧より、貢ぐところは金を集めて、天下の美銅を納めて、鋳して九鼎に九州をかたどったとある。

九州は筑前・筑後、豊前・豊後、肥前・肥後、大隅・日向、薩摩などの国で、その九州であると考えていたが。

東の国がなぜ九州なのかの解明と、「九州王国」が倭大王家の領土として繁栄していた事実がある。

中國周王朝や魏王朝も間違いなく統治した國を「九州」と呼び、九字は最高銘と誇称していた。中國にとって九州は重要なる台地であった（藤井綏子女史）。

倭人が文献に初見されるのは古越國（ベトナム）である。古越に住む薬草の詳しい倭人（背の低い人）が〝古越の王に不老長寿の薬草、チョー草を献上した〟と記されている。チョー草とはウコン草のことで沖縄や奄美大島などで今も盛んに栽培されている。＊『論衡』

古越が北上し、中國揚子江南流域に建てたのが呉國と越國である。呉と越は争い、戦禍を逃れた支庶が九州王国（倭国）に渡ってきたとある。これが「呉越同舟」の熟語の起こりでもある。そして、「倭は自ら太伯の後裔という」と記述する。＊『魏略』

九州王国の女王卑弥呼の使いが中國の魏王に会見した折も、その使者は（倭人は呉の太伯の子孫である）と伝えて、驚かせたとある。

この太伯を祖とする呉王夫差は「臥薪嘗胆」の故事で知られる人物で、越王勾践を破ったが、やがて勾践に「会稽の恥」を雪がれる破目となり、敗れた夫差は自殺し、呉の國は滅びた。紀元前四七三年のことである。

この呉國の王族たちや支庶、官人及び技術者たちが渡航し、平生の交流により知りえた倭人の島に安住の地を求め移住し、文字文化や養蚕・稲作産業をもたらしたとされる。不知火の八代海、有明海流域に注ぐ、筑紫国筑後川や肥後国菊池川、薩摩大隅国に居住したと思われる。

中國楚國の陵墓から呉王夫差の青銅剣「呉王夫差自作剣」、その×印の銘入りが発見された。

呉國は越王勾践により滅ぼされ、紀元前四世紀頃、越國も楚國に滅ぼされたので、これらの青銅器（武器）は戦利品として、楚國の王族の墓に納められていたものと思われる。日本海側の越国、すなわち出雲地方の荒神谷遺蹟出土の中細銅剣三五八本と中広形銅矛一六本は越國の王族や渡来人が埋蔵したものと思われる。呉國や越國からの移住はその後も先住者を頼って往来があったことであろう。彼等は倭国において稲作と酒造、剣や鏡の鋳物、土器や銭、歴史書、古代暦も作ったであろう。

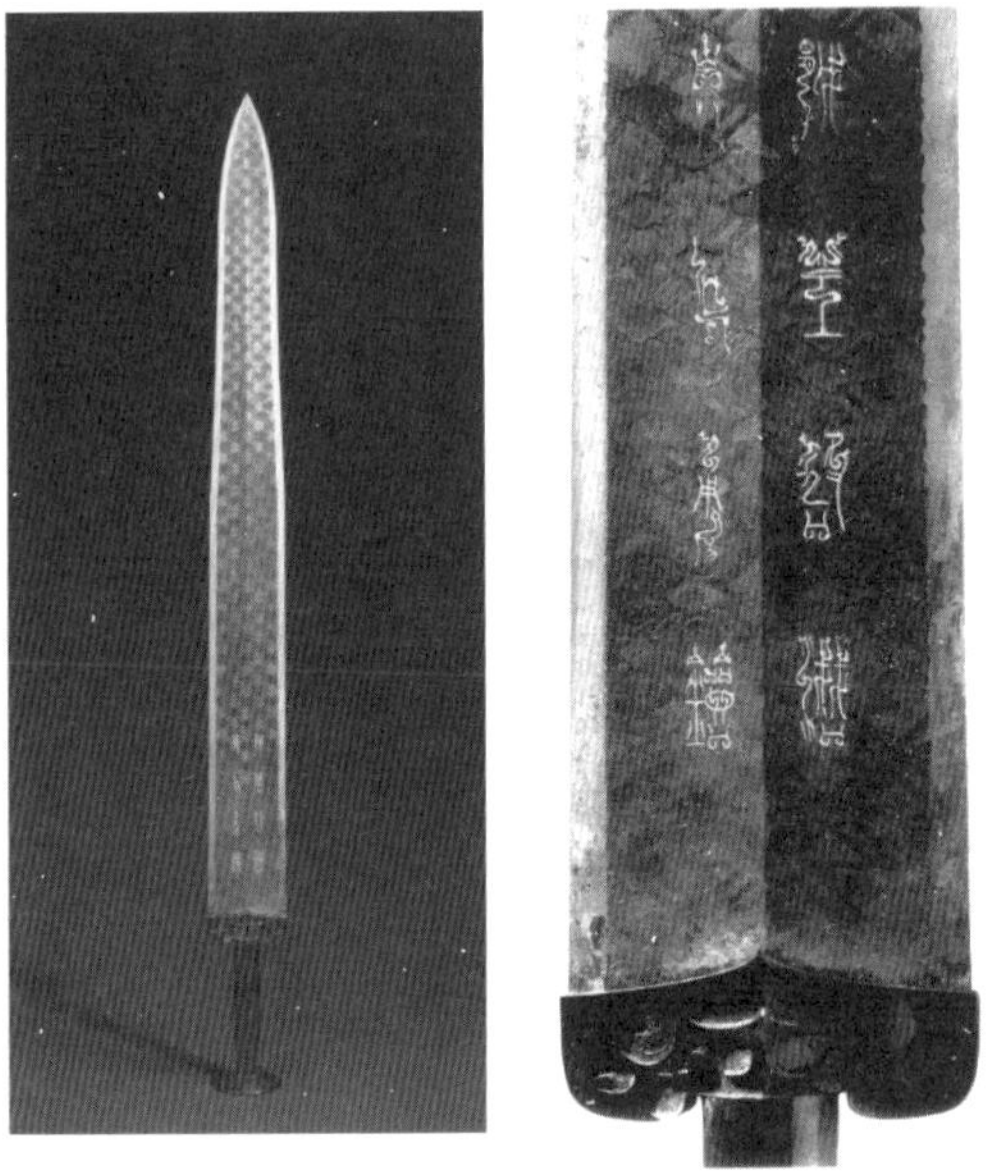

越王勾践の銅剣
上海博物館

肥後菊池郷・姑蘇《こそ》、神来《おとど》。臺遺跡の地名が存在する。方保田《かとうだ》東原《ひがしばる》遺跡、小野崎《おのざき》遺跡がある。『古事記』や『日本書紀』の完成後、一三〇〇年を経て、神話として書かれたものが、史実であったと考えられる。八世紀終わり頃、近畿に東還していったのは事実である。

九州王国の発祥は肥後、国造

阿蘇本宮
撮影／著者

神宮・阿蘇神宮*と薩摩、鹿児島神宮・霧島神宮に伝承されている。阿蘇乙姫の下山西遺跡から内行花文銅鏡や桃の種が発見されている。三世紀に卑弥呼が食したものと云われている。

鹿児島神宮の創建は神武大々王の御代に伝わると云う。祭神は火遠理命と豊玉《とよたま》毘《び》売命《めのみこと》である。生まれた御子が天津日高日子《あまつひこひこ》波《なぎさ》建《たけ》鵜《う》葺草《がや》葺《ふき》不合尊《あえずのみこと》である。宇志大王である。

熊本県の菊鹿に八方岳と高千穂には御陵（宇志大王）があり、この地を吾平郷の日向と云う。

＊阿蘇神宮の祭神は健磐龍命で、神武大々王御代に創建したとある。大倭王家の宇志王。

第一八章　日羅上人と聖徳太子

龍ヶ峰山妙林寺・興善寺（現明言院）は熊本県八代市にある。その興善寺乃縁起に木造毘沙門天像（樟一木造）（国指定重要文化財、旧国宝）がある。それらは天部・神将、仏教に帰依して仏法を守護する神々に四天王・一二神将・梵天・帝釈天とある。その四天王のうち、北方を護る多聞天は毘沙門天と呼ばれる。身体に甲兜を着け、左手に宝塔、右手に鉾を執り、木根を踏みての量感豊かな雄姿である。

當寺は西暦五五五年、日羅上人の開基にて、自ら毘沙門天（多聞天）の木造像を制作するとの伝承がある。

本尊千手観世音菩薩の漸材は中國隋の作で、聖徳太子銘が記され、勧請したとされている。『日本旧紀』に敏達帝十二年（五八三）肥後火の国、芦北国造刑部《ゆきべ》阿利斯登王の子、日羅なり。百済の冠位高僧、達卒冠位とある。

肥後国飯田山常楽寺繪縁起・百済僧・日羅上人の王命来朝図（熊本市妙永寺蔵）には次のようにある。

肥後ノ国ましきノひょう（評）飯田山寺波はくさいこく（百済）ノ日羅上人ノたて祀るなり、この聖者波知行徳かねそなへ、身よりひかり乎はなちさまさまノふしぎ乎現し待りぬ。国主も敬れし、民も膽仰し奉りしかは、其ノ名わかてう（我朝）にきこえありて、敏達一二年（五八三）に紀（姫）の押勝をつかはしめし給ひけれ共、はくさいノ王（百済）おしみ給ひて、わたし（渡）奉らさりけれは、かさねて吉備ノ羽嶋をつか波し、しきりに免し給ふ、はくさいノ聖明王も我朝ノ王命乎おそれて、終に羽嶋とともに万りノさうかいに（滄海）船乎うかへ、風波乃難乎しのき、九重の石ノたう（塔）二基、ならひに仏像経巻つみみて、この国に来り待りぬ、はるかに年月乎かそふれ波一〇四〇余年になれり、まことに仏法最初の寺とも申つへし、たれかこれ乎あふ（仰）かさらんや。ひこのくにに来り給ひて。

毘沙門天
日羅作
撮影／著者

日羅上人は中國朝鮮（新羅等）の情勢、百済王の考え、百済と倭国の関係、倭国の軍事支援、任那の復興方策を上申したため、倭大王（敏達）は深い感銘を受けたとされる。

西暦五四五年、父阿利斯登王と共に百済に渡り、留学していた日羅は聡明で学問にもすぐれ、百済王の信任も厚く、冠位達卒という、百済高官になっていた。そして、日羅はこの間仏教に深く帰依し、知勇に優れ、その高い仁徳により、百済の高僧としても慕われていた。

当時、新羅の勢力は強く、五六二年に任那国府は滅亡した。そこで倭国は朝鮮半島からの撤退を余儀なくされたのである。その影響で百済も新羅との攻防が激しくなって、倭国（日の辺）に支援を要望してきた。

招聘された五八三年大晦日、部下の百済恩卒徳爾らは日羅上人が〝百済國に不利な情報〟を流したと疑い、その夜に暗殺され、日羅はその生涯を閉じたと云われている。

日羅上人が建立した御寺が九州の各地に存在して、布教や慈善活動に活躍した人物として日羅の名は語り伝えられている。

鹿児島県・如意珠山龍巌寺一乗院（坊津）、慈眼寺阿弥陀摩崖仏（鹿児島）。宮崎県・日羅山松林寺日羅像（国富）、石山観音寺如意輪観音日羅作（宮崎）。大分県・善光寺摩崖石仏（大野）。

熊本県下では飯田山大聖院常楽寺日羅像（益城）、小峯山日輪寺（山鹿）、日羅山一乗院橋田寺（七城）、龍ヶ峰山妙林寺（顕興禅寺）毘沙門天日羅作（八代）、日平山華族寺本尊多聞天日羅作（玉名和水）、廣福寺は大智開基（玉名）、御獄山安楽院聖徳寺聖観音、聖徳太子作（河内郷）多くの寺社が存在する。

紀元前から八世紀初めまでは九州王国に倭大王家が存在した。

「倭奴国」は三國志の倭人条にある筑後川流域の御井の奴国である。高良玉垂命（祭神武内宿禰）が治めていた。

『日本書記』の神代巻、天孫降臨のところで天の目一箇神《まひとつかみ》という鍛冶の神が登場する。* 鉄刀・鉄剣や鉄農具などを作る部族の神である。肥後国誌の山鹿郡中村手永久原村の項にこの神を祀るお宮がある。「目一箇男神社　或記一目神社云仝。当社ハ継体帝善記四年十一月四日高天山ノ神主祭之」継体十六年が善記元年（五二二）とすれば一目神社の創建は五二五年となる。

＊一目とは火を起こす「ふいご」のことと云われている。

山鹿市日輪寺の寺記によると、朱雀帝の天慶三年（九四〇）に国司の尾藤少卿藤原高房（紀高房）が皇昭僧のために此国に建てた大伽藍の一つで、天台の教刹であったとされる。

『肥後国誌』の中に「俗説当寺ハ敏達帝の御字　鏡常三年（五八三）、百済国日羅上人来朝ノ時当国爾七伽藍ヲ建立スル其の一ニテ　初メ小峯山日羅寺ト称シ法相宗ナリ」とある。鏡常三年は敏達帝十二年に当たり、『日本書記』に見える日羅召請の年と合致する。

この寺の宝物の中には「日羅上人所信多聞天」同じく、「日羅招来持の金銅八鈷鈴」があった。この寺の創建年代は三百五十年以上も古く遡るかもしれない。

肥後上益城郡鯰手永小池村の飯田山のことが書かれている。「常楽寺飯田山大聖院台宗叡山延暦末寺。開府ヨリ四里アリ。寺記ニ云。推古帝ノ御宇、吉貴年中、聖徳太子ノ建立ト云伝。堂宇荘厳善美ヲ尽セリ」。肥後国木山郷小池村、飯田山大聖院常楽寺には「日羅ガ持キ九重塔二基アリ」

日羅山千田聖母大神宮は深草帝天長五年に建立とある。日羅上人が社僧を務めている。

肥後には美和山として、秀麗の金峰山を一ノ嶽と呼び、それを筆頭にして、二ノ嶽熊野岳、三ノ嶽観音岳の聖徳寺山が連なる峰がある。

「三ノ嶽は飽田、山本、玉名郡の堺也。乾《いぬい》*の方には玉名郡白木村のうち也。観音堂。本尊の聖観音像は聖徳太子の作と云う。半腹邑に聖徳寺有」（肥後藩の地歴史書『肥後国誌』）

*乾とは天地を指す。

「聖徳寺」について述べる。

「聖徳寺三嶽山安楽院天台宗叡山正覚院末寺也。寺領三石。推古帝二年聖徳太子登山開基〆三嶽山安楽院聖徳寺ト称セラレル。本尊聖観音、脇士不動明王、毘沙門並乙護法等、乃チ太子一刀三礼ノ制作、且聖徳太子一六歳ノ影像モ自作ナリト傳ウ。太子登山ノ時、供奉ノ僧開元坊ニ命シテ、即チ往持タラシム。当山北嶺ニ開元坊夫婦ノ塔並代々ノ墓塔アリ。繭来相続シテ住職皆妻帯シ所属ノ本寺トテモ無之。飽田、山本、玉名三郡ニ跨リ往古ハ三十六坊アリテ、菊池家（藤原氏）全盛期ノ時帰依シテ、三郡ノ内ニテ七十五町ノ寺領アリト云」*

*細川藩江戸期、陽明学者の北嶋雪山著『国郡一統志』

聖徳寺聖観音
撮影／著者

「三嶽山安楽院聖徳寺ハ伊波礼池邊宮治天下橘豊日命（用明）、御萬聖徳太子草建也。肥後池邊宮元年正月十一日也。不動明王、毘沙門天、聖観音像、千手観音モ太子作」

川久保日記云、昔聖徳太子当国ニ、五ケ所ノ池ヲ穿チ給ヒシ其の一也。

上益城郡鯰手永小池村の項には「高千四百五十九石余。飯田村（在山上）、土山村、秋永村、下原村等小村有。往古国主（倭王）、此の所ニ池ヲ堀リテ農田ノ助トセシ、其ノ地名トス」とある。此村の飯田山上にある常楽寺（日羅上人創建）が聖徳太子に関わる寺である。『日本旧紀（日本書紀）』に、敏達帝十二年火の国、芦北国造刑部《ゆきべ》阿利斯登王の子日羅なりとある。百済國の日羅上人は帝命で来朝し、聖徳太子との関わりは鎮西の肥後国飯田山大聖院常楽寺での会見を始まりとする。

　伊波礼池邊宮治天下橘豊日大王（用明）第一王子、聖徳太子は九州年号で金光五年（五七三年）甲午生まれで、御年十歳。

《鏡常三年（五八三年）発卯にはじめて、日羅上人と御対面ましまして、お互いに礼拝し、仏法ヲこの国にひろめ給はんため、我（日羅）は救世観音の化身なりと申し候なり。常に日天ヲ敬礼せしゆへに、身より光明ヲはなてるなりとの給へは、これより太子に大悲菩薩の化身なりと申事。ひかりあるものは光あるものヲ友とするとは、ありかたかりける御ことなり》*

＊『三国遺事』

　日羅上人が建立した、熊本益城の飯田山大聖院常楽寺には九層の二石塔が存在する。敏達帝より招聘された折、百済より持参した石塔は隣國からの脅威を退けると云われている。

第一九章　聖徳太子（法王）

日本古代の有名人は聖徳太子、九州王権では又の名を聖徳法王と呼ばれた。近畿王権では厩戸豊聰王子《うまやどのとよとみみのおうじ》である。中國の史書『隋書』では俀王・阿毎、多利思北孤と記述されている。『上宮聖徳法王帝説』には聖徳太子は次のように描かれている。

御父は伊波礼池邊宮・治天下橘豊日尊（用明帝）、母は穴穂部間人尊后《あなほべのはしひとおおきさき》で、西暦五七四年に生まれたとされている。大長子の聖徳太子、久米王子《くめのきみ》、殖栗王子《うえくりのきみ》、茨田王子《まんだのきみ》がいた。蘇我伊奈米（稲目）宿禰大臣女子名、伊志支那郎王后《いしきなのおおきさき》。多米王子《ためのきみ》の子がいた。葛木当麻倉首《かつらぎたぎまのくらおみ》比里古女子名、伊比古郎王后《いひいらつめのおおきさき》。乎麻古王子《てまこのきみ》、須加弖古王女《すかてこのみこ》がいた。これらが聖徳太子の異母兄弟ですべて含めて七人とある。

聖徳太子には三人の王后がいた。

膳菩臺加多夫古臣《かしわでのかたぶこのおみ》乃女子名、菩岐岐美郎王后《ほききみのおおきさき》。春米王女《はるめのみこ》、長谷王子《ちょうこくのきみ》、久波太王女《くはたのみこ》、波止利王女《はとりのみこ》、三枝王子《さきくさのきみ》、伊止志古王子《いとしこのきみ》、麻呂古王子《まろこのきみ》、馬屋古王女《うまやこのみこ》の八人である。

尾治王（小治王《おはるおう》）乃女子名、位奈部橘女王后《いなべたちばなおおきさき》。その子白髪部王子《しらかみべのきみ》、弖嶋王女《てしまのみこ》の二人である。

蘇我馬古《そがのうまこ》（馬子）宿禰大臣乃女子名、娘刀自古郎女王后《とじのいらつめおおきさき》。山背大兄王子《やましろおいねのきみ》、財王子《たからのきみ》、日置王子《ひきのきみ》、片岡王女《かたおかのみこ》の四人である。

聖徳太子（法王）は伊加留加宮（斑鳩宮《いかるがぐう》）に居住していて、西暦六二二年に崩御したとされる。

山背大兄王子《やましろおいねのきみ》は春米王女を娶って、産んだ子が河内麻呂古王子《かだいまろこのきみ》、麻呂古王子、弓削王子《ゆげのきみ》、佐々王女《ささのみこ》、三嶋王女《みしまのみこ》、甲可王女《こうかのみこ》、尾治王子《おじのきみ》であった。

これらが聖徳太子（法王）に関わる、兄弟や親類縁者である。九州王国の蓮華・萬葉、白鳳時代に活躍した人々である。

法隆寺を建立したほか、四天王寺も建立したとされる。この四天王寺は中門、講堂、五重塔、金堂が南北・東西に並ぶ伽藍配置となっており、これは法隆寺よりも古い、倭国の法起寺式が伝わり、建立されたとされ、大坂四天王寺の南大門には肥後国・宇土郡（額田部）の馬門石《まかどいし》が引導石として、配置されている。

聖徳太子は百済の日羅上人やその後、高麗僧・恵慈を師として、仏教学を学び、博士學哿《がくか》には外典《げてん》*を学んでいる。

＊外典とは国外の書物。

西暦五九三年に聖徳法王は摂政を行い、聖王とも呼ばれていた。

この絵は明日香橘寺、法隆寺の諸本にも数多く見られる。

聖徳太子が勝鬘経《しょうまんきょう》の内容を講じたという逸話を描いている。

法王の周囲に童子の山背大兄王子《やましろおおえのおうじ》、僧侶の高麗法師恵慈《えじ》、百済學哿、小野妹子《おののいもこ》が聴講する。

講義周囲の床面や地面には講讃《こうさん》の際に降ったという、蓮華の花弁が散らばっている。筑紫国の京都郡香春に蓮華寺があり、肥後国に蓮華院浄光寺、蓮台寺など「蓮の華」に関わる聖徳のお寺が多く存在する。

勝鬘経の講讃図は聖徳法王の重要な事績として、伝承されてきた。平安時代の九世紀初め頃に、これらの絵が多く描かれていたことで知られている。

日羅上人は肥後国芦北郷の生まれで、御父は火の国、芦北・国造阿利斯登《ありしと》である。百済に仕えて、賢く、達卒《だちそつ》で、勇ありとある。百済聖明王下にあって、九州王国が朝鮮を統治するために派遣された人物である。朝鮮國の任那縣《みまなあがた》は文化や技術をもたらす拠点地域で、重要視

絹本着色聖徳太子勝鬘経講讃図
文化庁文化遺産ネットワーク

されていた。

西暦五八三年、敏達帝が招請して、その時に同行した配下に暗殺されたと、『日本書紀』に記されている。最初の勝鬘経の講讃図には日羅上人が聴講した場面が描かれている。

聖徳太子と日羅上人との会見図が肥後の妙永寺にあり、聖徳法王として、仏法の教授を受け、御嵩聖徳寺を建立した*。

*『上益城町誌』

九州王国には日羅が開基された日羅寺が数多く存在する。鹿児島県には如意珠山一乗院（坊津）他含む五寺。大分県には満月寺（臼杵）他を含む八寺及び石仏（大野）の四像。宮崎県には日羅山松林寺（国富）他含む三寺。熊本県には飯田山大聖院常楽寺（益城）、護国山顕興善寺（八代）他含む八寺があり、その事績が数多く存在する。

国宝『上宮聖徳法王帝説』一巻は京都府知恩院蔵の解説では聖徳法王の系譜、伝記などを収めたもので、国内唯一の最古の伝記であると云われている。全体に付されている古訓点、資料等は『日本書紀』とは異なる説を唱えており、国語学では最上の価値があるものだと云われている。巻末に「傳得僧相慶之」とあり、平安時代の著名な法隆寺学僧五師相慶《そうけい》が書写したものである、と記されている。

推古女帝・小治田宮御宇尊《おはるだのみやにあめのしたしらしめすすめらみこと》の世に、聖徳法王、蘇我馬子と共に天下の政を輔けて、三宝を興し隆にすとある。

冠位十二階なる、大徳・少徳・大任・小任・大札・小札・大信・小信・大義・小義・大智・小智を定めて、推古主導のもとで、蘇我馬子とともに天下の政を共同統治したとある。

また、「和を似て貴しとしさかうることなきを崇とせよ」に始まる、憲法十七条を起こし、専制王権のもとで支配し、特に世界平和を重んじ、万民思想を掲げて、九州王国を統治した。

遣隋使として小野妹子は西暦六〇七年に、俀国王を「日出処の天使」、隋皇帝を「日没処の天使」という書簡を隋の煬帝に持参した。

蘇我馬子と共に仏教興隆に尽くし、倭国王朝（九州）で活躍したと云われている。筑紫には聖徳太子の建立した聖徳寺や法王仏舎利（肥後廣福寺）、聖観音菩薩像、聖徳太子像の証跡が数多く存在している。聖徳法王には久米王（将軍）という弟がいた。

武内宿禰尊の末裔、蘇我馬子・宿禰大臣と共に、物部室屋・大連大臣との戦いに勝利したとある。筑紫御井に久米部（久留米市）があり、この時に滅ぼした物部の領地が久米王子に与えられた。

筑紫本宮は筑後国御井の高良玉垂宮にあり、祭神は建内宿禰尊。別宮は大善寺玉垂宮で祭祀は豊玉命《とよたまのみこと》である。その後、天平元年中、武内宿禰尊と荒木田（葛木）襲津彦命の相殿と為すと、太宰府管内志に伝わる。この本宮や別宮が神功王后、応神帝、仁徳帝、倭五王、武王（磐井の君）の都として繁栄していた。

『万葉集』巻十九の四二六一（詠み人知らず、荒木田氏傳）

「太君は　神にしませば　水鳥の　集く三潴《みづま》を　都と成しつ」と筑後国上妻縣三潴（水沼）を詠っている詩がある。

壬申の年（六七二年）、淡海《おうみ》・大津京から軍を発した報に、筑後国・御木吉野にいた、天智帝の兄である大海人王子《おおあまのおうじ》が挙兵し、天智の子、大友王子（弘文帝）を戦いで破り、即位して、天武帝となったとある。白村江の戦いや壬申の乱はすべて、九州王朝での出来事と重なり、それらの地名が存在する。

高良玉垂宮縁起絵（絹本著色の玉垂縁起絵）がある。福岡県久留米市の大善寺玉垂宮が所有していたが、現在は京都国立博物館に寄託されている。南北朝時代（一三七〇年）に民部法橋忍知《ほっきょうにんち》が描いたとされ、国の重要文化財に指定されている。大善寺玉垂宮の鬼夜と云われる勇壮なる火祭で、祈一屯の松明《たいまつ》六基が奉納され、火祭では全国一とされ、別名で御船山・高良御廟大善寺玉垂宮と称した。

聖徳太子が詠んだ歌がある。聖徳太子は用明帝と穴穂部間人王后との間に生まれた。

家にあれば　妹が手まかむ　草枕
旅に臥せる　この旅人あはれ――『万葉集』巻三の四一五　上宮聖徳

聖徳法王の没後、大化改新、白村江の戦い、壬申の変と、激動する時代へ突入する。

聖徳法王が生きていた時代は各地の豪族が自らの覇権を争い、常に諍いが絶えない時代で、豪族たちは自らの権力を保持するため、ひとたび意見が合わない場合には尊・命や大王でさえ暗殺する暴挙を繰り返していた。聖徳法王の周りでも裏切りや陰謀、暗殺が絶えず、殺伐とした時代であった。

聖徳法王はどのような渾沌《こんとん》とした世の中であっても、平和を追い求める道を探求した。

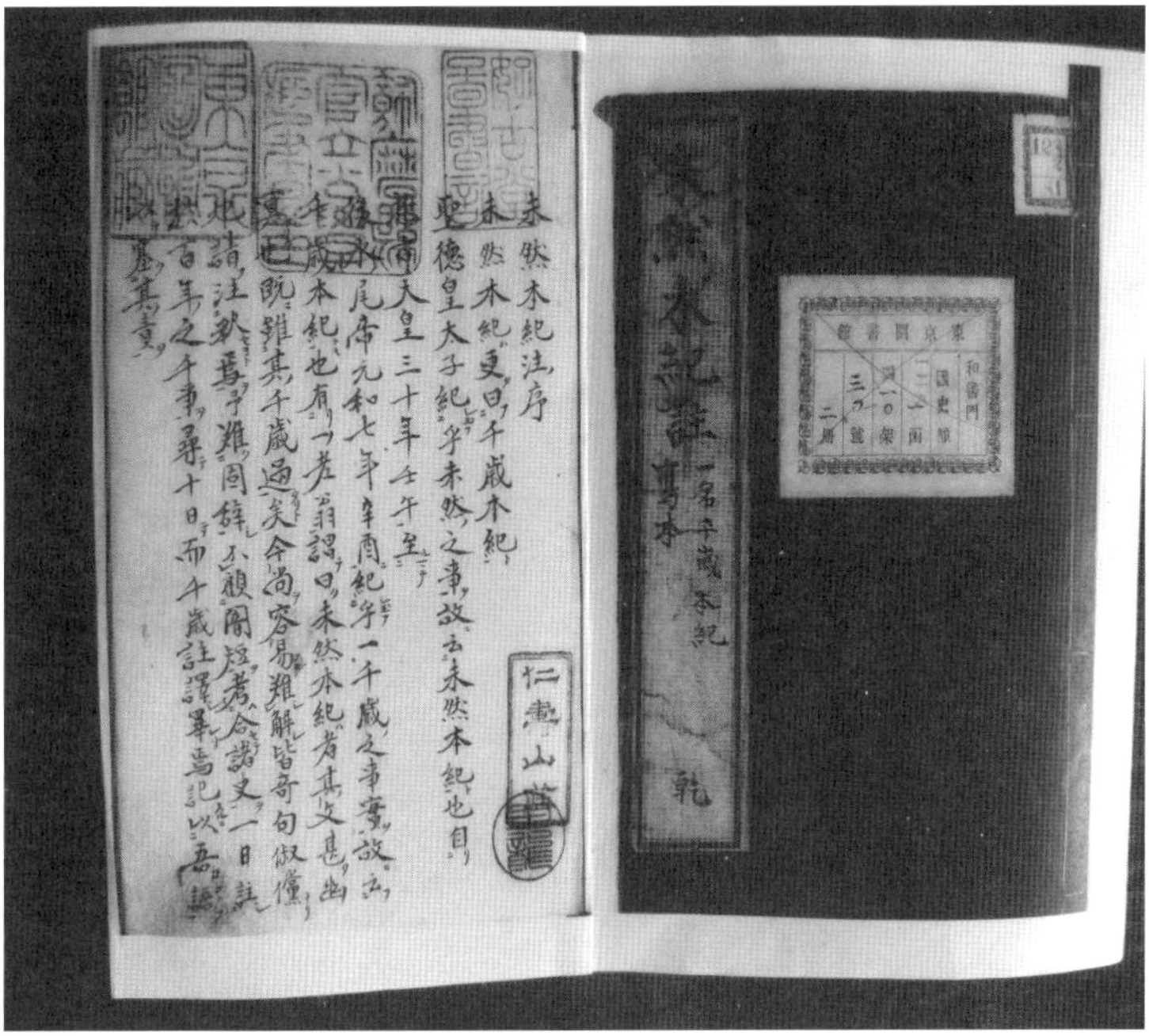

『未然本記』
国立国会図書館

聖徳法王の予言は人類の目覚めを促すため、「これらの事態を未然に防ぐ」という意味を込めて『未然本紀《みぜんほんき》』と『未来本記《みらいほんき》』を予言書として、残した。両預言書とも時の権力者によって焚書《ふんしょ》され、隠匿《いんとく》されていたために存在は確実視されながらも、その内容は長い間、謎とされてきた。そこには現代をも予言する内容が記されていた。

聖徳法王は二十一世紀の世界観をすでに予言していたと、中丸薫氏は『闇の世界権力をくつがえす日本人の力』の著書で述べられている。

十七条憲法・第一条で「上

和らぎ、下睦びて、事論うに諧うときは、すなわち事理おのずから通ず。何事か成らざらん」（上の者も下の者も協調、親睦の気持ちを持って論議するならば、おのずからものごとの道理にかない、どんなことも成就する）と説いた。

第二条で「篤く三宝（仏と法と僧）を敬え」と唱え、「人、はなはだ悪しきもの鮮し。よく教うるをもて従う」（人には悪い人は少ない。教えるならば聖道に従うものだ）と説いた。人間には誰にも善なる心が宿り、この世を救うと信じて、人々に平和や仁徳、礼節を説いた。

蓮の華は泥土が深ければ深いほど大輪の花を咲かせると云う。

私たちもこの渾沌とした世の中に、深く大地に根を降ろして、次世代に繋がる、大輪の蓮華を咲かせる使命があるのではないかと考える。

近畿王権では聖徳法王の時代を、古墳、飛鳥時代としているが、九州王国では蓮華の萬葉でありえたのではないだろうか。

六〜七世紀ごろの倭国・日本国を紐解く、中國史書『隋書』俀国伝　作者・魏徴《ぎちょう》等撰。

《俀国、在百済・新羅東南、水陸三千里、於大海之中依山島而居。魏時、譯通中國。三十余国、皆自稍王。其国境東西五月行、南北三月行、各至於海。其地勢東高西下。都於邪摩堆、則魏志所謂邪馬臺者也。古云去楽浪郡境及帯方郡並一万里。漢光武時、頤使入朝、自称大夫。謂之倭奴国。桓、霊之間、其国大亂、歴年無主。有女子卑弥呼、於是国人共立爲王。代興中國相通。開皇二十年、俀王姓阿毎、字多利思北孤、號阿輩雞彌。王妻號雞彌、名太子爲利歌彌多弗利。内管有十二等、一曰大徳、次少徳、次大任、次少任、次大義、次少義、次大禮、次少禮、次大智、次少智、次大信、次少信、員無定數。

楽有五弦、琴、笛。每至正月一日、必射戯飲酒。気候温暖、草木冬青、土地膏腴、水多陸少。

有阿蘇山、其石無故火起接天者、有如意寶珠、其色青、大如鶏卵、夜則有光、云魚眼精也。

新羅、百済皆以倭爲大国、多珍物、並敬仰之、恒通使往来。

大業三年、其王多利思比孤隋使朝貢。使者曰「聞海西菩薩天子重興佛法、故遺朝拜、兼沙門數十來学佛法。」其国書曰「日出處天子到書日没處天子無恙」云云。帝覽之不悦。明年、上遣文林郎裴清使於俀国。度百済、行至竹島、行都斯麻国、又東至一支国、又至竹斯国、又東至秦王国。俀王遣少徳阿輩臺、鳴鼓角來迎。亦其王興清相見（以下略）》

『校勘記』

《俀国、魏の時、中國に通ずる、倭三十余国。皆自王と称す。其の国境、東西五月行、南北三月行、各海に至る。其の地勢、東高西下、邪摩堆《やまたい》に都。魏志に謂う邪馬臺の者。漢の光武帝の時、使遣し入朝、自ら太夫と称す。桓霊《かんれい》帝の時、其の国大乱多し、女子、卑弥呼と命名。是於、国人を共立、女王と成す。


開皇二十年（六〇〇）、俀王の姓は阿毎、字は多利思比孤《たりしひこ》、號は阿輩雞彌《あわいのきみ》と号。王の妻、雞彌《きみ》と号。太子名を利・歌彌多弗利《かみたふり》也。内官に十二等置く、大徳、少徳、大任、小任、大義、小義、大礼、小礼、大智、小智、大信、小信。員に定数なし。楽に五弦の琴・笛有り。正月至るごとに、射戯れ飲酒。気候温暖、草木は冬も青く、土地は膏腴《こうゆ》にして、水多く、陸少。

阿蘇山有、其の石火起こり、天（天子）に接する者此処に有、如意宝珠あり、その色青く、大鶏卵の如く、夜は即ち光、魚の眼精也。

新羅・百済曰く、俀（倭）は大国にして、珍物多し、之らを敬仰す、恒に通使往来すると。

俀王多利思北孤は大業三年（六〇七）に、遣隋使・小野妹子を派遣。その使者曰く海西の菩薩天子、重ねて仏法を興す、故に遣わして朝拝し、兼ねて沙門数十人、来て仏法を学ばしむ。


其の国書曰く日出ずる処の天子、日没する処の天子に致す、恙《つつが》なしや云う。

煬帝、之を覧て悦ばず。明年、文林郎裴清《はいせい》遣わして、俀国に使いしむ。百済を渡り、行きて竹島《たけしま》到り、都斯麻国《つしまこく》を経て、東の一支国《いきこく》に至り、また竹斯国《ちくしこく》に至る。また東して秦王国《しんおうこく》に至る》

俀王は少徳の阿輩臺《あはたい》を遣わして、儀仗を設けて、呉楽や鼓角《たいこ》を鳴らしてこれを来迎した。

俀王は中國皇帝・煬帝《ようだい》の使者である裴清と相見え、朝貢を受けた。


俀国（倭）は紀元前から、邪馬臺国の卑弥呼女王や、蓮華、飛鳥・白鳳年、天平時代頃まで続く、倭国王朝が存続してきた。

中國が開皇二十年頃の倭国では、俀王・姓阿毎、名は多利思北孤（聖徳太子）が居て、統治していたと記されている。第十七条の憲法、十二等級の官職を設け、楽には五弦の琴も有り、その王朝には阿蘇山を有する。その地は気候温暖にして、草木も冬青く茂り、水源多く、赤酒（紹興酒）を好む。

小野妹子を遣隋使として、国書『日出ずる処の天子、日没する処の天子に致す』の奏上書をもたせて派遣した。

西暦六〇八年には中國煬帝の使者裴清を迎えて、会談したとある。筑紫を経由して、日辺の国（秦王国）に至るとある。その時の倭王は阿毎・多利思北孤であり、大々王は聖徳法王で、御年は二八歳である。肥後国河内郷芳野にある聖徳寺の聖徳太子像（聖徳の自作像）も限在する。

『隋書』にある俀王の王妃は雞彌《きみ》で、『上宮聖徳法王帝説』には聖徳法王の王妃が膳菩臺加多夫古臣《かしわでのかたぶこのおみ》乃女子名、菩岐岐美《ほききみ》である。后名が同じであり、その実在は確定的である。俀王の多利思北孤は聖徳法王で、その王国には雄大なる阿蘇山が存在して、如意宝珠があった。

第二〇章　聖徳太子の故郷（斑鳩宮）、蓮華池

肥後には三輪山として、秀麗の金峰山を一ノ嶽と呼び、それを筆頭にして、二ノ嶽熊野岳、三ノ嶽観音岳の聖徳寺山が連なる峰がある。「三ノ嶽の麓に飽田、山本、玉名郡の堺也。乾の方には玉名郡白木村のうち也。絶頂には観音堂有。本尊の聖観音像は聖徳太子の作と云う。聖徳寺と観音堂が有」（歴史書『肥後国誌』）。

「聖徳寺三嶽山安楽院」について、次の様にある。

《天台宗叡山正覚院末寺也。寺領三石。推古帝二年聖徳太子登山開基〆三嶽山安楽院聖徳寺ト称セラレル。本尊聖観音、脇士不動明王、毘沙門並乙護法等、乃チ太子一刀三礼ノ制作、且聖徳太子一六歳ノ影像モ自作ナリト傳ウ。太子登山ノ時、供奉ノ僧開元坊ニ命シテ、即チ往持タラシム。当山北嶺ニ開元坊夫婦ノ塔並代々ノ墓塔アリ。爾来相続シテ住職皆妻帯シ所属ノ本寺トテモ無之。飽田、山本、玉名三郡ニ跨リ往古ハ三十六坊アリテ、菊池一族（藤原氏）全盛期ノ時帰依シテ、三郡ノ内ニテ七十五町ノ寺領アリト云》（江戸期陽明学者の北嶋雪山著『国郡一統志』）

「賛嶽山安楽院聖徳寺ハ伊波礼池邊宮治天下橘豊日命（用明）、御萬聖徳太子草建也。肥後

池邊宮元年正月十一日也。不動明王、毘沙門天、聖観音像、千手観音モ太子作」淡海朝・大津京、天智大王世、合志郡竹迫手永ノ大池村ノ事項ニアル、大池・小池アリト。川久保日記云、聖徳太子当国ニ五ケ所ノ池ヲ穿チ給ヒシ其ノ一也。

さらに上益城郡鯰手永小池村の項には「高千四百五十九石余。飯田村（在山上）、土山村、秋永村、下原村等小村有。国主（俀王）、此の所ニ池ヲ堀リテ農田ノ助トセシ、其ノ地名トス」。この村の飯田山上にある常楽寺（日羅上人）が聖徳太子に関わる寺である。

聖徳太子十六歳像　聖徳寺　撮影／著者

全国に六万数社もある八幡社でその元宮が宇佐神宮である。神輿は馬に鷹枕の神体を運ばせて、元宮に奉納した。鷹居瀬社という壬生鷲居の氏神と云われている。宇佐八幡宮は壬生氏の氏神であった。大分県中津には薦神社があり、その陰陽紋は韓国旗である。八幡靈異記に〝我は辛国より来たりて、日本の神となれり〟と記す。聖徳太子の支援者には渡来系秦氏の秦河勝がいる。宇佐八幡宮の神官は辛島氏、大神氏である。壬生氏は賀茂一族であり、氏神に賀茂神社がある。近畿の賀茂氏は元々、秦一族であり、八幡（製鉄）、機織りを持ち込んだのも、中國秦王朝を形成した一族で、前漢に追われ、朝鮮に南下して辰韓（新羅）を立て、騎馬民族として倭国に同化した北倭人である。

白村江の戦いで敗れた倭国王は薩野馬（天智帝）である。その将軍の壬生諸石は帰国し、恩恵として、肥後国合志郡（広生、生野他四郡）が与えられた。

日本の古代文化は紀元前五～四世紀に中國長江流域より、南倭人の影響を受けた。紀元前三世紀には秦の始皇帝の徐福伝説、騎馬民族がある。

西暦二〇〇年頃には東漢人（阿知王）・田尻氏・丹波氏が渡来してきた。邪馬臺国の国々を卑弥呼女王が共立して統治していた。

天之日鉾神の系譜である、神功王后や武内宿禰尊は筑前橿日宮を、持統女帝による御井の藤原宮、御廟を中心に国内外を含めて統治していた。

西暦三〇〇～七五〇年から、倭の五王（応神）や磐井大王たちが治めた九州王国の存在があった。九州から瀬戸内海域の山陽・四国の国家を巻き込みながら、近畿王権の手前である播磨国までを治めていた。

その証跡が神籠石の古代山城の配置図である。この近隣に吉備国があり、近畿王権との対立が非常に激しかった。それは何故か。九州王国を守る要塞であり、近畿豪族（土蜘蛛）たちの見張り古代城であったからだ。その史跡から戦いに使用した、銅鉾、銅剣が出土している。

聖徳太子像と謎の川原寺は次の様になる。

聖徳太子の主肖像は明治十一年（一八七八）に法隆寺にあった「聖徳太子像」からとられたものである。

蓮華郷
撮影／著者

この画像が聖徳太子を描いたものでない異説を、東京大学史料編纂所所長の今枝愛真氏が朝日新聞（一九五八年一月七日付）で発表された。

聖徳太子画像紙にあった、川原寺と書かれた墨痕が削り取られていること。川原寺と法隆寺の接点がない。

川原寺は斉明女帝の菩提を弔う寺で、天智・天武両帝が創建した。川原寺の衰退にともない寺宝が法隆寺に移管後、聖徳太子像と断定された。

早稲田高等学院の講義で、会津八一博士は、教科書の聖徳太子像と中國の木石像（拓本）を比較し、太子像ではないと指摘された。

聖徳建立の六殿宮伝
撮影／著者

九州王国にある聖徳太子像（自作像）を示しても分かるように、川原寺（香春寺）にもいろいろな伝承がある。

聖徳太子像や川原寺を検討してみると、近畿王権とは関わりのない九州王権下の出来事のように思われる。今や近畿王権では聖徳太子は存在せず、紙幣からも消えた。

九州王国で聖徳太子は実在し、俀王・阿毎、字多利思北孤として君臨していた。中國使節との面談や懇親宴は小野妹子の忠臣に任せて、神道、仏教の教義を広めた。

鹿児島県薩摩郡の柴美山は標高一〇六七メートルで、上宮山の頂に上宮権現社があり、祭神は聖徳法王である。秦人の徐福が来て、冠の紫紐を埋めた山であるため、柴美山とも称した。

肥後国益城郷の六殿宮は聖徳法王が建立した神宮とされる。*

＊『国郡一統志』北嶋雪山

第一一章　遣隋使小野妹子と坂上田村麻呂

小野妹子王は推古女帝の六〇七年に遣隋使として、外交の手腕を発揮、先進文化を倭国（日本）にもたらした第一人者である。

小野寵臣妹子の系譜、遣唐使小野篁《たかむら》の養子小野良実（小町の父）は坂上田村麻呂の曾孫当澄（良実）に当たる。

坂上家は後漢第一五代光武帝を祖として、漢皇族第三十一代阿知王《あじおう》の系譜で、倭国に至り、東漢の使王として、稲作や機織りの技術を伝えたといわれている。

高従四位坂上犬養、その子従三位大納言坂上苅田麻呂、その子従二位大納言右大将征夷大将軍坂上田村麻呂である。武勲は抜群で朝廷からの信任も厚く、衆望があった。

坂上田村麻呂の妹全子は桓武帝の寵妃で高津内親王を生み、娘春子もまた桓武帝の第八代王子葛井親王の生母であった。

古代史上、聖徳太子や蘇我馬子の存在があまりにも大きく、小野妹子の存在は遣隋使としか、評価されていない。

女流歌人小野小町は平安朝に活躍した、絶世の美女。六歌仙の一人として、歴史上に名を残している人物である。

この歌は『古今和歌集』巻第二春の詩―一一三にある。醍醐天皇の勅命により、紀貫之が西暦九〇五年に編集した。

【花の色はうつりにけりないたずらに　わが身世にふるながめせしまに】

小野小町　山鹿市大宮神社

肥後国植木小野邑「小町堂」には湧水池小野泉水があり、小野小町の産湯が残っている。

推古女帝の御代、大徳冠・小野寵臣妹子、その系譜にあたる小野良実（小野小町の父）はこの地に居住して、七国神社を建立崇祀し、朝廷にも尊せられた。

小町神社の近隣に菊鹿平野の古代湖・茂賀の浦があった。現在の熊本市植木町、養蚕の扶桑を植栽していた。養蚕の産地と思われる。

『群書類従』の系譜では敏達帝

―春日王子―妹子王―毛人―毛野―氷見―峯守―小野篁―小野良実―小野小町となる。

坂上家は後漢霊帝を祖として、倭国に東漢した阿知王一族であり、その系譜には田尻氏（阿知王祭祀）や丹波氏がいた。その後、和邇（和仁）・真野・春日・小野・大伴等の諸氏らと続く。

坂上田村麻呂と小野篁、文室綿麻呂は古代豪族のなかで深い縁戚関係を構築していた。平安王朝では貴族間の抗争が激しくなり、藤氏（唐臣）である藤原氏は宮廷専制を保持するため、主な豪族や忠臣を排除し、その中に坂上家、小野家、文室家があった。

聖徳聖王は小野寵臣妹子を重要視していた。小野家は肥後国小野泉水郷を拠点としていた。小野寵臣妹子の陵墓は本殿（背後）の兵陵、鬼の岩屋古墳に存在する。

第二二章　甲子年と戊辰年の刻刀

西暦二〇二二年十月に特別史跡・熊本城跡（千葉城横穴群墓）より、「甲子年五□□」の象嵌銘文刀が発見され、「甲子年五月中」の六文字が刻まれていることが判明した。*
「甲子年《かっしねん》」は干支《かんし》年号で書かれ、その銘文からして、西暦六〇四年に制作された「象嵌」技法の鉄刀の可能性が高いと云われている。

*熊本大学・熊本市

同じく、「戊辰年《ぼしんねん》五月中」の銘文入り太刀が西暦一九八三年八月兵庫県箕谷《みいだに》二号墳より出土している。この刀身に刻まれた銘文「戊辰年」では西暦六〇八年とされている。この時代では初めての「銅象嵌」技法で刻まれているのが特徴である。

中國の『隋書』では俀国王・姓は阿毎・字は多利思北孤の時代となる。推古女帝の甥・聖徳太子（法王）が同時期に政務を司り活躍していた。この年に小野妹子が遣隋使として、渡航した。

日本の古墳から出土した銘文入りの刀剣は八例が存在する。熊本県では江田船山古墳から出土した、日本最初の銀象嵌太刀で、漢文の吉祥句・七五文字や絵画（天馬・菊・鵜・魚）が象嵌されていて、明治六年（一八七三）に発掘され他に類を見ないものとして、国宝に指定されている。

熊本城祉（千葉城町）で発見された象嵌銘文刀の制作が西暦六〇四年とすれば、九州王国では蓮華時代（飛鳥）で、聖徳法王の治世と重なり、肥後火の国で制作された。

熊本城跡の近辺では弥生時代、青銅の鋳型も見つかり、製銅や製鉄が営まれ、火の守と書かれた横穴古墳がある。

四〜五世紀以降の肥前・肥後と山口長門や周防海、瀬戸内海の往来派遣、倭の五王、筑紫大王・磐井の全国支配、古代神龍石の配置などからも、九州王国の支配圏が判明した。

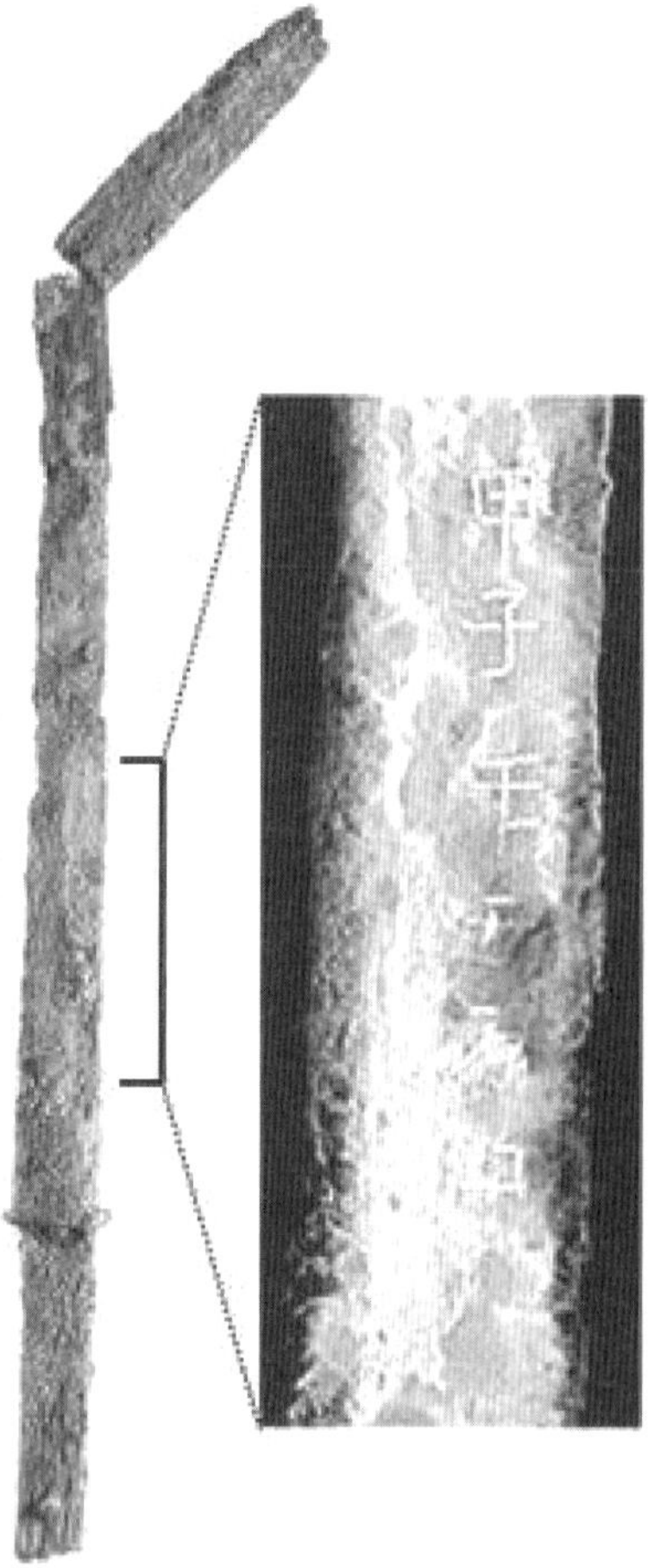

甲子年銘
読売新聞二〇二三年一月二八日記事より

熊本市西区城山上代町の上代町遺跡（約二千年前）からは木製の漆塗り、弥生の剣柄が出土している。韓国の茶戸里《たほり》遺跡で紀元前一世紀に出土した銅剣の剣身に嵌める穴形も同一であった。

玉名市柳町遺跡からは木簡〝田〟文字が弥生前期の古代集落跡の井戸から出土している。周辺には前方後円墳の江田船山古墳・傳左山古墳を筆頭に数多くの古代史跡が存在する。

この王国では古代の文字や古墳文明が早くからもたらされていた。

九州王国の福岡県田川市の京都郡・香春寺（川原）は持統女帝、太宰帥の河内王が統治していた。

謎の大寺とされる飛鳥の川原寺が奈良に存在した。網干善教氏（関西大学考古研究室）が昭和三二年（一九五七）より数年間調査。昭和四七年（一九七二）から数年をかけて、国費を投じ、現奈良国立研究所（旧国立博物館）と施工した整備工事で見違えるばかりになったとある。

大理石の礎石を持たせた金堂、三尊傳仏を八方に張り巡らした、不思議な壁面も制作された。

『日本書紀』には飛鳥川原寺に当時、伎楽が置かれていたと記され、呉楽《くれがく》とも云われ、古代の外来芸能である。

朱鳥元年（六八六）新羅國使・金知祥を大宰府（都督府）で饗するがために、豊前国香春郷の河内王は法起寺式・香春寺の伎楽（呉楽器）を筑紫に運び饗宴した。新羅國の献上物を

香春寺の想像図（川原寺）
香春町教育委員会

橿日宮（香椎廟）に貢上した。

九州年号の白鳳六八二年（天武一〇）に筑紫大宰丹比嶋等が観世音寺の梵鐘（銅鍾）を貢いだ。京都・妙心寺の梵鐘は大長七年（六九八）に「福岡健糟屋評」で制作したと刻銘されている。

和銅三年（七一〇）大宰帥栗田真人が山口の永登銅山で銅造した和同開珎（銅銭）を朝廷に献じた。
＊『大宰府・太宰府天満宮史料』巻一　太宰府天満宮蔵版
八世紀に『記・紀』漢文初巻とある。九州王国では文字使用が確認されていて、奈良朝で初めて文字使用とあるのには一致しない。

天平宝字三年（七五九）八月六日、孝謙女帝（称徳）の時、大宰帥船親王は香椎廟に新羅を伐たんとする旨の奏状を届ける。

天平宝字七年（七六三）筑前国怡土城が完成。大宰大貳吉備真備、造東大寺長官に専任す。神護景雲三年（七六九）孝謙、大宰主神習宣阿曾麻呂、弓削道鏡を即位せしめば、天下泰平ならんとの八幡神を奏するにより、和気清麻呂をして、神託を請けしむ。是日、清麻呂を除名して大隅国に流刑となす。京は女帝称徳の御廟であり、怪僧たちの天国であったとある。*

＊『小説と古史への旅』掲載「道鏡事件の謎と清麻呂」松本清張

宝亀三年（七七二）筑紫の本宮である、「淡海」の大津京を廃すとある。

西暦二〇一一年九月に福岡市の元岡古墳群で出土した金象嵌太刀に、「庚寅」の文字を含む、輝く黄金の一九文字が発見された。「太歳庚寅正月六日庚寅日時作刀凡一二果□」の文字である。□は練の文字の可能性が高いと云われている。

この鉄刀（全長七五センチ）は「庚寅暦」の西暦五七〇年（欽明紀）を意味する年号である。

九州王国や吉備・播磨国を含む地域で発掘された刀剣出土の証跡は江田船山古墳の銀象嵌太刀を筆頭に四例目である。その他には物部石上宮の七支刀（高良宮）、東大寺古墳の太刀、埼玉稲荷山古墳の鉄剣である。これらの発見された鉄刀や鉄剣などは、全国の名だたる古墳群や神舍等を含めて、すべてが九州王国の史跡郡に関連・関係した処で発掘されている。

第二三章　能楽と筑紫舞・肥後琵琶

「君が代」は日本の国歌である。『古今和歌集』（十世紀）で、詠み人知らずの短歌がもとになっている。鹿児島県薩摩川内市入来町の大宮神社が「君が代」発祥の地との伝承がある。薩摩入来神舞の中に「十二人剣舞」があり、舞人が「君が代は千代に八千代にさざれ石の巌となりて苔のむすまで」と朗詠する舞である。近隣には、新田神社があり、可愛山陵《えのやまのみささぎ》として、瓊瓊杵尊の陵墓がある。ここは古代隼人の勢力地である。

肥後菊池郷に御松囃子《おまつばやし》という、能のもっと古い時代、能と兄弟にあたる狂言の主流がある。能面をつけたような仮面劇でなく、狂言の一部で御神事に近いものである。南北朝時代の南朝王である、懐良親王（後醍醐天皇の子）をお慰めしたのがこの松囃子である。

熊本で能楽*が定着するのは加藤清正に付随してきた武将、中村家に始まると云われている。日本の能は金春流から始まった。能には「観世流」「宝生流」「金春流」「金剛流」「友枝流」の五流がある。金春流の流祖は中國から来た秦氏で、能楽を伝える家としては一番古い流儀ではないかと云われている。

九州王国では蓮華、白鳳、萬葉から平安時代に中國から伝わった唐楽、舞楽や雅楽が確立されていった。

＊『熊本の能楽』狩野琇鵬

　今でも、東大寺の法会の時は頭からすっぽり人形の頭のようなものを被り、行道する御会式がある。この仮面劇の最初の起こりこそが、能の原典だと云われている。

　最初に能が始まった、聖徳太子の時代に能楽の前身的なものが、神仏流布のために執り行われたとある。白式の翁面（白式尉《はくじきじょう》）は聖徳太子がつくったと伝わり、細川家（永青文庫所蔵）にある。

聖徳乃白式尉
永青文庫蔵

「高砂や　この浦舟に帆をあげて　月もろともに出汐の　波の淡路の島影や……」は夫婦和睦、長寿延命や結婚式で詠う祝言曲で、能楽の一部分。

　肥後阿蘇家の宮司が播磨高砂の浦で、旅先の帆舟に乗船した、その行程を詞章したものである。

　肥後の能があってこそ、能楽が現存していると云える。

《筑紫舞と翁舞について》

筑紫舞の原形は主に翁という舞が基本である。各々諸国の翁が都に上り、舞う形式は次の三立で構成される。

・三人立は「肥後の翁」「加賀の翁」「都の翁」。

肥後琵琶

撮影／著者

・五人立は「肥後の翁」「加賀の翁」「都の翁」「難波津より上し翁」「出雲の翁」。

・七人立は「肥後の翁」「加賀の翁」「都の翁」「難波津より上し翁」「出雲の翁」「尾張の翁」「夷の翁」。主体は肥後、加賀、都の翁で占める。

《古琵琶語り部たちの啓発》

九州は三種の琵琶の発祥の地であり、「筑前琵琶」「肥後琵琶」「薩摩琵琶」がある。

無形文化財として残され、伝統継承を図るため、啓発活動が行われている。

軍記物語『太平記』の一節で、武将村上義光は後醍醐天皇の皇子である懐良親王に仕え、北朝軍と肥後芳野金峰山城《よしのきんぶせんじょう》で戦った。それは激しい戦いで、十六本の矢を身に受け、自らの命を賭してでも、懐良親王を落ち延びさせるため、親王の鎧を纏い、身代わりとして、堂々たる最後を迎えたとある。勇猛果敢な武士の生き様を琵琶で弾奏する。奇しくもこの山地には、蔵王権現を祭祀とする金峰山がある。その東麓には肥後中尾山・本妙寺浄池廟があり、ここで弾奏された。その懐良親王の御陵が八代市妙見町に存在する。

第二四章　筑紫観世音寺の梵鐘と戒壇院

太宰府観世音寺は天智帝の母、斉明女帝の菩提寺である。聖武天皇西暦七四六年創建とされ、七堂伽藍を備えた大きな寺で、法隆寺と同等以上の規模であった。

当時の観世音寺の盛大さを知るには延喜五年（九〇五）『観世音寺資財帳』や『観世音寺絵図』がある。この資財帳は観世音寺において作られたもので建物の配置、規模などが詳しく記録されている。国宝『観世音寺資財帳』として、東京藝術大学にある。

最古の国宝梵鐘は福岡・筑紫観世音寺の鐘（総高一六〇センチ、口径八六・四センチ）である。西暦一四〇〇年間、現世を見守った梵鐘であり、太宰府都府楼の町に鐘音がこだまし続けてきた。太宰帥の菅原道真もこの鐘の音を聞いて〝観世音寺只聴鐘声〟という漢詩を遺している。

この観世音寺鐘と兄弟鐘とされる、京都・妙心寺の鐘（総高一五一センチ、口径八六センチ）が知られている。梵鐘の内に「戊戌年四月十三日壬寅収糟屋評造春米連広国鋳鐘」と銘があり、福岡・糟屋評で鋳出されている。この梵鐘には戊戌年の銘があり、文武帝大長二年（六九八）にあたり、観世音寺鐘よりも新しい。

観世音寺梵鐘

妙心寺梵鐘
撮影／著者（上下とも）

九州王国ではすでに高感度の梵鐘、銅器生産が可能になる技術を備えていた。資財備品である碾磑《てんがい》は石臼と伝えられ、『日本書紀』には推古十八年（六一〇）に高句麗の僧雲徴が石臼を造ったとされている。用途については食料の小麦粉や大豆を挽いたものか、建物の塗料にする朱を粉末にするのに、双方に使用された器材とある。

観世音寺の創建、完成したのが、聖武天平十八年（七四六）とされているが、これらの資料により、創建は七世紀前と想定される。『二中歴』『年代歴』によれば天智白鳳元年（六六一）には「観世音寺を東院が造る」との記事が見える。

「筑紫の観世音寺は淡海の大津宮御宇大王（天智）の治世、岡本宮御宇女帝（斎明崩）の奉為に、誓願して基きし所なり。累ぬと雖も、今に迄るまで、了らず」とある。*

＊『続日本紀』元明帝和銅二年（七〇九）

国宝『観世音寺資財帳』が東京藝術大学にあるので、文献調査、研究のため、閲覧を要求したが、国宝・秘蔵のために拒否された。観世音寺の創建や完成時期も、正確な年代が未だに判明していない。資財帳にある石臼（碾磑資財）の年代、照合調査であった。

延喜五年（九〇五）十月一日付に古代国家が保護と監視目的で寺院に作成・提出を求めた財産目録帳であると、記述されている。この資財帳の記載内容により、伽藍規模や資財、仏像、経典、土地などの詳細を知る公文書である。

観世音寺の戒壇院について次の様にある。筑紫観世音寺境内には戒壇院が設置され、日本仏教界の僧尼のため授戒、戒律の作法を確立するために、建てられたお寺である。筑紫観世音寺、奈良東大寺、栃木薬師寺が日本三戒壇とされる。

戒壇院の本尊は「盧舎那仏」で、万物を照らして、全宇宙を支配するという仏様である。脇侍は弥勒菩薩（左）が戒律を授け、文殊菩薩（右）が知恵を授ける。国の重要文化財に指定された。

戒壇とは戒律を受ける僧と、戒律を授ける僧が座って、問答する正方形の檀石のこと。その後、天平勝宝六年（七五四）、唐僧鑑真は盲目となっても、東大寺に戒壇院を設け、戒壇を教授したと云われている。

日本最古の国宝梵鐘は九州王朝の産物で、鋳造技術があり、高度な社会が繁栄していた。

第二五章　萬葉にみる故宮文化

『万葉集』の編纂に携わったのは大伴家持（大伴旅人の子）で、長歌四六巻・短歌四二五巻を詠み、重要な役割を担った。九州王国（倭国）の大伴家は古代の有力な名族で、古代史に残る家柄であった。

祖先は日本神話における高御産巣日神《たかみむすひのかみ》の子、天忍日尊《あめのおしひのみこと》の系譜であると伝わる。『古語拾遺《こごしゅうい》』大伴家伝にある。

太宰府の名が史書に見えるのは天智称制二年（六六三）で白村江の戦いで倭国軍が敗退してからである。勝者である新羅國（鎮将劉仁願）や唐國（郭務悰）の役人が来て、太宰府に中國唐朝の都督府を開設したとある。現在の都府楼跡で八世紀まで、九州王朝の役所がここに存在していた。

萬葉の始まりである、太宰府・坂本八幡宮は令和の年号で一躍有名になった処。壬申の乱（変）で天智帝の子、大友王子（弘文）との戦いで、天武帝（大海人王子）と行動を共にしたのが大伴安麻呂（大伴旅人の父）であった*。

＊乱とは時の王制や覇者に楯突いた挙動とある。天草島原の乱や磐井の乱は事実と異なり、権力者

が唱えた持論であり、その地方の事象を正当化せず、焚書されたと思われる。乱は変か役と変えるべきで、天智帝の大友王子は明治に弘文天皇として正当化された。島原の変は過酷な圧制の農民一揆であり、磐井の変は倭国大王の抹殺である。明治では菊池一族の朝敵西郷隆盛が挙兵、西南の役とある。

大伴旅人は聖武帝の神亀五年（七二八）に征将軍となり、新羅、唐國との交渉功臣としても活躍した人物で、九州太宰帥として君臨した。

大伴旅人は『万葉集』に、

「やすみしし　わが太君の　食す国は　やまとも此処も　同じとそ思ふ」（巻六の九五六）

「太君は神にしませば　水鳥の集く水沼を都と成しつ」（巻一九の四二六一）

と詠んでいる。

万葉の詠み人としては、額田王妃、大伴家持、山上憶良や柿本人麻呂、長田王、壬生宇太麻呂、手持女王、山部赤人がいた。そのほとんどが九州王国を題材とした『万葉集』の詠み人である。

額田王妃の歌「熟田津に　船乗りせむと　月待てば　潮もかなひぬ　今は漕ぎ出でな」（巻一の八）

肥後国の金峰山、観音岳、聖徳寺の河内《かだい》橘郷、熟田宮（熊本市北区徳王）があり、西里詩を詠んでいる。筑紫の淡海（有明海）は干満の差が大きく、古来、渡海が困難なところでもあった。

山部赤人の詩「やすみしし　わが大君の　高知らす　芳野の宮は　たたなづく　青垣ごもり　河なみの　清き河内そ　春辺には　花咲暁り　秋去れば　霧立ちわたる　その山の　いや益々に　この河の　絶ゆることなく　ももしきの　大宮人は　常に通はむ　み芳野の　小泰山（象山）の際の　木末には　ここだもさわぐ　鳥の声かも　ぬば玉の　夜の更けぬれば　久木生えふる　清き河原に　千鳥しば鳴く」（巻六の九二三）

筑紫国筑後の大善寺玉垂宮が三潴県（水沼）にあり、秦の始皇帝が派遣した徐福が求め探した不老の薬草「寒の葵」はこの象山と云われる肥後玉杵名縣の小泰山（岱）にある。別名の蓬莱山と記されている。* ＊『肥後国誌』

『万葉集』の巻頭には筑紫の朝倉宮を詠んだ歌がある。「籠もよ　み籠持ち　掘串持ち　この岡に　菜摘ます子　家告らせ　名告らせ　そらみつ　やまと国は　おしなべて　我こそ居れ　しきなべて　我こそ座せ　我こそは告らめ　家をも名をも」（巻一の一）

この歌は『宋書倭国伝』にある。安東将軍の号（西暦四七八年）を戴き、勇武であった「倭王武」とは筑紫王磐井と思われる。この時代は天皇（大王）の称号はまだ存在しない。

早春の河原には菜の花が咲き誇り、大河筑後川が青く光り、壮大なる三輪山や耳納山、背振山、そして彼方遠くに雲仙岳が聳えている。ここには古代王宮址が存在した。

肥後八代の水島にかかわる、長田王の歌が万葉集に「聞くが如、まこと貴く奇しくも、神さび居るか　これの水島」（巻三の二四五）と「芦北の野坂の浦、ゆ船出して水島に行かむ、浪立つなゆめ」の二首がある。

八代海の水島
撮影／著者

『日本書紀』景行記に肥後芦北の熊津彦を復し、芦北の小嶋（水島）をあとに玉邪名（玉名）に着く。

長田王は西暦七三八年に崩御、天智帝の長王子として、母は薩摩国開聞郷の大宮王姫で、九州王朝の王子であった。薩摩国出水郷を詠んだ歌碑がある。

「隼人の薩摩の瀬戸を　雲居なす　遠くも我は　今日見つるかも」長田王

「隼人の　瀬戸の磐も　鮎走る　芳野の滝に　なほ及かずけり」大伴旅人（巻六の九六〇）

養蚕（絹）国の肥後は次の様にある。肥後国（託麻）、絹の生産は萬葉以前から大国であった。高貴な染料とされる、紫草は肥後国託麻野が生産地で知られていた。萬葉の笠女郎の歌にある。

〝拓馬野に生ふる紫草　衣に染め　いまた著ずして　色に出にけり〟

八世紀頃には肥後国から、高絹二五九三丁、紫草五六〇〇斤が太宰都督府に納められていたとある。

「肥人の　額髪結へる　染木綿の　しめにしこころ　我忘れやめ」と『万葉集』にもある。

そして、

〝あかねさす　紫野《むらさきの》ゆき　標野《しめの》ゆき　野守《のもり》は見ずや　君が袖ふる〟（巻一の二〇）額田王女阿蘇の王宮史に伝わる。肥後国誌で阿蘇麓の弥護山を〝旧矢越山〟と云う。

〝建岩立命《たけいわたつのみこと》が鬼に向かって放った矢が的石を超えて飛んだ処が矢越山という〟伝説がある。

西弥護免遺跡（熊本県菊池郡大津町）は威厳ある高地性集落として栄えた防御の都、三〇〇点以上の鉄器や大型銅鉾、銅銓が出土している。肥後大津のワクド石遺跡から籾殻のついた縄文土器も発見された。肥後国に天智帝が都を置いた、淡海・大津京が存在したと思われる故宮址が存在する。国學院大學には大型銅鉾が肥後発掘として展示してある。

弓削王子が詠んだ、『万葉集』巻二、〝古に恋ふる鳥かも弓絃葉《ゆづるは》の御井《みい》の上より鳴き渡りゆく〟。

西暦六八六年、天武第六王子の弓削王子《ゆげおうじ》は母持統と芳野に行幸した折に詠んだ歌である。

〝古に恋ふらむ鳥は不如帰《ほととぎす》　けだしや鳴きしわが念える如〟を詠んだ額田王妃は推古女帝を祖とする家系でもある。

筑紫国御木《みき》郷吉野《よしの》は天武が天智帝から逃れ、仮の拠点とした場所でもあった。肥後龍田郷や菊池に弓削神宮が鎮座する。

天武帝の弓削王子は母持統と共に筑後御木（御池）吉野に行幸した。

中大兄王子（天智）と大海人王子（天武）が額田王女をめぐり争い、天智帝の王后になった。御井は久留米市府中で天武帝が治める王宮が存在した処である。この時の筑紫太宰帥は栗隈王である。

御酒と酒楽の詩がある。古事記に応神帝が王子時代の宴の様が詠まれている。王子が禊を終えて、無事帰ってきた祝いに、母神功王后（気長帯日姫命）が詠んだ詩がある。

「許能美岐波　和賀美岐那良受　久志加美　登許余邇伊麻須　伊波多多須
須久那美迦微能　加牟菩岐　登余本岐　麻都理許斯美岐叙　阿佐受袁勢　佐佐」

「この御酒《みき》は　我が御酒ならず　玉串《くし》の上　常世（とこよ）に坐（いま）す　岩立《いわた》たす
少名御神《すくなみかみ》の　神穂《かみほ》き　豊穂《とよほ》き　祭《まつ》り鼓《こ》し御酒《みき》　飽きず飲す　ささ」

この詩にある少名毘古那神《すくなびこのかみ》は神産巣日神の御子で、酒造りの開祖と云われている。九州王国では『古事記』と同様に漢語重視の文体で詠まれた『万葉集』が多く存在している。

大伴王子（天智帝の子）の万葉詩に「百伝ふ　伊波礼（磐余）の池に　鳴く鴨を　今日のみ見てや　雲陰りなむ」*。

＊『万葉集』巻三の四一六

伊波礼橋池邊宮には用明大王（聖徳王の父）の王宮があり、その池邊宮の処には、今も百塚址が存在する。

肥後国・磐余の池は別名・伊波礼の池邊宮として、用明大王が治世した。肥後守・

道君首名《みちのきみおびとな》が再度造成した、味生池《あじうのいけ》でもある。肥後国芳野縣金峰山、観音岳、筒獄山《つつがだけ》が隣接する。この金峰山は天武帝の霊廟として、蔵王権現を祀り、神霊地とある。*

*『国郡一統志』北嶋雪山

大津王子は天武帝の第三王子で、母は天智の王女、太田王女（持統の姉）である。叔母である持統女帝の策謀により、小治田の宮で獄死。叔父の天智帝に愛され、太政大臣の地位のあった人である。

高天原広野姫女王（持統）は万葉詩を遺し、西暦七〇二年十二月に崩御した。

「春過ぎて　夏来到るらし　白妙の　衣ほしたり　天の香山（高天原）」（巻一の二八）

天智帝の第七王子・志貴王子（光仁天皇の父）の万葉詩。

「采女の　袖吹きかへす　蓮香風《はすかえ》　都をとおみ　いたずらに吹く」（巻一の五一）

平安朝・桓武天皇の世に移っていく。大王制から本格的な天皇制が敷かれていく。

『古事記』『日本書紀』や『風土記』及び『万葉集』を読み解くと、そこには三つの国々が古代に存在したことが窺える。

『古事記』は九州王朝の書籍。『出雲風土記』は出雲王朝の書籍。『日本書紀』は近畿王朝の書籍として作成された。

風土記の中でも『豊後風土記』『出雲風土記』『播磨風土記』『肥前風土記』『常陸風土記』が正規な「五風土記」として存在する。その他は風土記逸文として、『記・紀』等や各地に残された風土記を応用しながら、それらの王朝の意向により編集された書籍として、伝承されてきたと考えられる。

全四五〇〇首を数える『万葉集』も初巻・中巻・下巻を通じて、その時代の国・縣・郡・評・郷の風土や営みを鑑みれば、その時代、その国の実情を詠んだ事象が、自ずと解明できるのではないだろうか。初巻は九州・伊予播磨王国、中巻は出雲・東北越王国、下巻は中京近畿王国の万葉として、様々な形で入り交じりながら、詠われてきたと云える。

第二六章　推古女帝と持統女帝の藤原京

推古女帝は豊御食炊屋姫《とよみけかしきやひめ》や額田部王女とも呼ばれている。

熊本県宇土郡・網田大宅郷には額田部連として額田部君得万呂や額田部真嶋がいた。額田部姓は九州王国が古墳時代に大王・后妃・王子の為に設けた名代の一つである。

西暦五九三年、推古帝となる。六二八年に七五歳で崩御する。

宇土市は馬門石砕石で有名な地域であり、ここから前方後円墳に使用した古墳石棺が近畿王権の大阪四天王寺に送られた。

女帝の王墓と云われている向野田古墳もある。この地は神代から続く豊饒の額田海が広がるアサリ貝の産地である。そして、御輿式海岸の額田潟がある。ここは天智帝や天武帝が愛した額田王女のルーツでもある。*

＊額田の由来はぬかるんだ干潟や海潟である。

推古女帝は敏達帝の死後、崇峻帝の暗殺という非常事態のなかで、蘇我馬子、聖徳太子の補佐を受け、国政に力を尽くしたとある。

全国の半数以上が集中する肥後古墳群のなかでも、豪華たる、千金甲一号墳は赤・青・黄色を使って靫《ゆぎ》の文様が描かれている。

ここには伊波礼池邊宮の聖地。聖徳の父・第三一代用明帝の王宮と推定される。熊本市の池邊寺と百塚を有し広大な寺院跡が存在した処である。

向野田古墳は女帝陵墓と推測され、宇土市馬門で産出された、阿蘇溶結凝灰岩の「馬門石（阿蘇ピンク石）」で作られた石棺が吉備や近畿の古墳群にも多く分布している。

古代最大の内乱、磐井大王の変、西暦五二七年に没。継体、欽明と続き、敏達・用明帝。聖徳法王が亡くなり、筑紫の君「薩野馬」は百済支援のため倭軍で戦い、唐・新羅軍に敗戦した、白村江の戦いである。

『日本書紀』では天智二年（六六三）に朝鮮半島の百済救援に向かうも、唐・新羅の連合軍に白村江で敗北するとある。

斉明七年（六六一）に斉明帝は出陣したが筑紫の朝倉宮で病死した。菩提寺が大宰府の観世音寺である。

筑後大善寺玉垂宮・将軍安曇野比羅夫率いる、船師《ふないくさ》百七十槽が百済王子豊璋《ほうしょう》に同行し出発した。兵士も有明海域の将兵で構成され筑紫王薩夜麻《さちやま》を含めた一団であり、ほとんどが倭国（九州）の軍団で構成されていた。

唐軍の捕虜となった秦族の壬生諸石はその御勝地として肥後国皮石評（淡海大津・合志評）を拝領した。

肥後国は延暦一四年（七九五）、「上国」から「太国」になり、平安期政権下でも重要な位置を占めている。肥後米や絹は日本最大の生産国であった。

天武帝の后・持統女帝が治世した藤原京は久留米・御井の水天宮に置かれた。

四世紀、神功王后の橿日宮（香椎宮）治世。西暦五九三年に推古女帝は豊浦宮に造営（肥後八代妙見宮）。

百済救援のため駆け付けた斉明女帝は、朝倉橘広庭宮で崩御。

天之御中主神《あめのみなかぬしのかみ》は高天原に最初に天孫降臨した太神である。

福岡県久留米市（御井）にある、全国総本宮水天宮の祭神である*。　＊『古事記』

中國の道教思想を原点とした、妙見菩薩と習合されて、幅広く庶民に信仰された。

九州王朝、持統八年（六九四）、御井の藤原宮に遷都と文献にある。

御井の都を次のように詠んだ。大友御幸傳乃『万葉集』巻一の五二の三

藤原宮の御井歌　短歌（『万葉集』巻一）

八隅知乃　倭期大王　　やすみしし　わご大王
高照　日乃王子　　たかてらす　ひの王子
鹿妙乃　藤井我原尓　　あらたえの　ふじが原に
大御門　始賜而　　大御門　はじめたまいて
埴安乃　堤上尓　　はにやすの　堤のうえに
在立之　見之賜者　　在りたたし　みしたまへば
山門乃　青香具山者　　倭国の　あお香具山は

日經乃　大御門尓
春山跡　之美佐備立有
畝火乃　此美豆山者
日緯能　大御門尓
耳爲乃　青菅山者
背友乃　大御門尓
宜名倍　神佐備立有
名細　芳野乃山者
影友乃　大御門従
雲居尓曾　遠久有家留
高知也　天乃御蔭
天知也　日御影乃
水許曾波　常尓有米
御井乃清水　（元）
藤原乃　大宮都加部
安礼　衝哉
処女乃　友者
乏吉呂　賀聞

ひのたての　大御門に
はるやまと　しみ佐備たてり
うねびの　こみずやまは
ひのよこの　大御門に
みみ納しの　あお菅山は
そともの　大御門に
よろしなべ　かむさびたてり
なくはしき　芳野のやまは
かげともの　大御門ゆ
くもいにぞ　とおくありける
たかしるや　あまのみかげ
あましるや　ひのみかげ
みずこそは　とこしへならめ
御井の　ま清水
藤原の　おおみやつかへ
あれ　つくや
おとめがの　ともは
ともしきろ　かも

【口譯】

八隅を見渡すわが大王、天高く照らす、日子王は、藤井が原に大宮を御經宮なさる。筑紫の香具山は北方の御門に、耳納山は東御門にあり、畝火山は西方の御門に鎮座する。よし野の山は南方の彼方遠くに御門がある。御井の藤原宮を称える如。藤棚の門の近くに井戸があり、磐井水は御井の清き流れに迸る。大中臣御門に係る大宮に藤の大樹が謳歌する。

持統女帝は天智帝の王女である。母は蘇我遠智娘、幼名は鸕野讃良王女《うのさららひめみこ》、『日本書紀』では持統女帝は高天原広野姫と記されている。

「春過ぎて　夏来到るらし　白妙の　衣干したり　天の香具山」『万葉集』巻一の二八

神聖な山である、筑紫の香具山は高天原に指摘され、白妙の衣は祭祀の聖衣であろうこと、歴史的な風土に囲まれたところで詠われている。

筑後川の対岸、筑後国御原評（福岡小郡市）の大中臣神社は藤原氏が居住したところである。御井郷には大王君の居た藤原宮や浄宮原宮が「宮都」であったのではなかろうか。御井の藤原宮は内大臣藤原不比等が持統女帝を補佐して、白鳳時代の治世を謳歌していた。詠み人知らず、荒木田氏傳では御井宮を『万葉集』で次のように詠んでいる。

「大君は　神にしませば　水鳥の　集く水沼を　都と成しつ」『万葉集』巻一九の四二六一

筑後大善寺玉垂宮にあった条理図が、国立歴史民俗博物館にある。国宝額田寺（法花寺）の条理図で荒木田氏、中臣氏や巨勢氏の地名が記されている。その御井郷には大王君の居た藤原宮や浄宮原宮が「宮都」があったのではなかろうか。

八世紀までは尊や命は大王で、天皇の称号はない。

日本創世の高天原は阿蘇を望み、肥後の臺台地を云い、八方ヶ岳の雄姿が聳え、肥後、吾平郷の日向に王宮があった。

第二七章　青銅器の精錬と八幡神

全国神社の数は十万社がある。八幡神が最も多く、特に古いとされる神社は大分県の宇佐八幡宮、熊本県の菱形八幡宮とされる。＊

＊『神皇正統記』

福岡県田川郡香春町にある銅鳥居《かねのとりい》の鏡山大神社、大分県中津市の薦神社がある。祭神は応神王、神功皇后。八幡神が日本で一番古いとされている。九州王国の大分県宇佐地方は多くの渡来人（秦氏）が住み着いた場所でもある。

京都府、夏の祇園祭は平安（シャローム）の祭りで、太秦としても有名である。

天平宝字七年（七六三）大宰大弐・吉備真備を造東大寺長官に孝謙女帝が選任した。翌年に東大寺が建立されたとあるが、平城京の本格的な奈良寺杜の造営がここから始まった。

西暦七六四年創建とされる奈良東大寺の大仏像建立の際には、福岡県田川郡香春町・鏡山大神社の清祀殿から奉納された青銅で、盧舎那仏像は造られた。今でも東大寺と宇佐神宮は神仏習合で合致している。

山口県美祢郡の長登銅山からも供出された。下関市の長府からは鋳銭である和同開珎の鋳型が発掘されている。九州と中国は青銅精錬の技術を共有し、王国の構築に寄与した。

鏡山大神社精銅の鳥居（河内王の陵墓）
撮影／著者

香春町では銅・亜鉛・金・銀も多く採れていた。ここで作られた黄金仏像が細川家の家宝と伝わる。

耶馬臺国女王・卑弥呼の倭鏡であると云われている、三角縁神獣鏡も香春町の清祀殿で制作された青銅鏡が全国の女王たちに配布されている。

金銀錯狩獣文鏡は紀元前六～五世紀頃、中國の春秋戦國時代の銅鏡で、肥後細川家・永青文庫所有の国宝として有名である。

熊本県球磨郡あさぎり町の才園古墳では鍍金画文帯求心式神獣鏡《りゅうきんがもんたいしんじゅうきょう》が出土。弥生時代の免田式の重弧文土器も発見されている。金銅製鏡は三世紀、三國時代の呉國ではなく、それ以前に存在していた長江文明・三星堆遺跡《さんせいたいいせき》（古蜀人）で制作された銅鏡等と考えられる。

金銀錯狩獣文鏡
永青文庫

紀元前五世紀に肥後国の菊鹿に遁れてきた、呉國の末裔たちが住み着いた時期と重なる。

九州王国の青銅器の出土品は多種多様である。大型銅鉾、銅鉾、銅剣、銅戈や銅鏡となる。

著明な大型銅鉾に大分県臼杵市坊主山遺跡の広形銅鉾長八九・六センチの七本、熊本県大津陣内遺跡の長八五・六センチの一本が出土、九州内出土の青銅武器では最大。國學院大學博物館や藤崎八幡宮にも二銅鉾が存在する。

福岡県糸島一貴山銚子塚古墳からは三角縁神獣鏡が八面、大分県宇佐市の宇佐八幡近郊の赤塚古墳の五面、福岡県京都郡苅田町の石塚山古墳の七面とすべてが三角縁神獣鏡で、多数出土している。

女王卑弥呼が朝貢した翌年の中國銅鏡である「景初四年銘龍虎鏡」が宮崎県伝持田古墳から出土している（中國年号・景初三年で終了）。また、京都府下の古墳からも一面が発見されている。

銅権

「正始元年（二四〇）」銘の銅鏡が山口県竹島御家老屋敷跡から二面出土している。全国で総計三面となる（正始元年は魏の使者が銅鏡一〇〇面を持参した年に当たる）。

「三角縁神獣鏡」は魏制作鏡を考えず、倭国で制作された銅鏡と確信できる。魏の明帝が女王卑弥呼に詔した、年号銘入りの銅鏡であれば理解できる。

肥後大津郷では銅権が発見されてい

る。「権」は秤、青銅で制作されている。

明治初年、青銅の有柄細形銅剣が、山口県油谷町向津具の王屋敷遺跡から出土している。平成元年（一九八九）の佐賀県吉野ヶ里遺跡から出土した有柄細形銅剣と同じものであった。

九州王国と響灘の関門海峡を挟む、瀬戸内海域の山陽、四国とは地理も近く、文化も大体同じである。古代の山城祉がある神籠石の分布地域と同一の文化圏を形成していた。

倭国の弥生時代は紀元前十一世紀頃からで、千年以上を遡ると考えられる。様々な青銅器が生まれ、発掘されている。繁栄した国家が九州には存在していた。

第二八章　三星堆遺跡の青銅器と呉橋

紀元前五世紀の縄文・弥生時代の遺跡から、多くの青銅器が日本各地で発掘されている。しかし、年代的には謎の部分が多く、古代史研究でも未知の分野である。

中國を代表する大河は黄河と長江である。黄河長江文明は世界文明の一つとされ、今は中國文明とされている。

今から三千年以前、中國中原に殷・周王朝が栄えたと同じころ、四川省の長江上流では謎の仮面王國が存在した。その大遺跡が三星堆遺跡であり、大量の青銅器が発掘され、中國の四川省ではかなり高度な古代文明の存在があったと確定できる遺跡の発見である。百数個の青銅人頭像や青銅仮面も見つかり、黄金の仮面や黄金杖などの青銅品、金製品が大量に埋蔵されていた*。

＊青銅器は銅と錫を合わせて作る。

「古の蜀」とは、『三國志』の魏・呉・蜀の時代ではなく、それよりはるか以前に古蜀と呼ばれる國が存在したと『山海経』に伝えられている。古蜀の歴史は『史記』や『蜀王本紀』に記されているが、神話や伝説に包まれてきた。

初代の王は養蚕の神様、蚕叢《さんそう》王で、桑の栽培や蚕の飼育を広めた、養蚕《ようさん》の開祖である。四川省の都である成都は別名「錦城《きんじょう》」といい、古くから錦織物の産地として有名、この國では河鵜《かわう》漁が盛んで、鵜を操り、魚を捕まえる猟である。九州では筑後川や菊池川、川内川など、今も一部で行われている。

江田船山古墳からの出土の銀象嵌銘太刀には鵜図が刻まれており、これらの漁法が日本（九州王国）に伝わったものである。

古蜀の青銅文化や養蚕文化が長江上・中流域に伝播していき、揚子江の下流まで浸透していく。夏朝・殷朝・周朝、古蜀朝から、春秋戦國時代、そして、秦・漢・三國時代へと経過して、長江流域は呉、越、楚國の覇権争いで、國々が統一されていく。

三星堆遺跡の青銅人
四川省博物館

中國長江流域には江蘇省蘇州の呉國、浙江省紹興の越國、湖北省江陵の楚國が春秋五覇で覇権を争っていた。紀元前五世紀（四七三年）、呉が越に敗れ、越もその後、楚に滅ぼされた。それらの時代に長江流域の文明や文化が、戦禍に逃れた王族や庶民たちの渡来によって、古代日本（九州王国、中国王国）に伝播し、浸透していったと推定できる。

紀元前五世紀、滅ぼされた呉國の支庶民が九州王国の菊池臺台地に逃れて、居住したと、松野連《倭王》系図に残されている。

文化遺産、青銅・鉄技術や銅鉾・銅剣、銅鏡、銅鐸。文字文化、養蚕文化、酒食文化がいち早く、この王国にもたらされていた事実がある。呉橋・陵墓、石棺や円墳・前方後円墳、方墳の造成技術の遺跡が存在する。

日本国は今も古代ルーツが、神話や伝説に基づいて建国されたと『古事記』や『日本書紀』にあり、謎に包まれた系譜もあり、世界中から神秘な、不思議な国であると云われている。

中國水郷の町、蘇州は紀元前七世紀、春秋時代の呉の都として始まった。姑蘇臺に呉王夫差の宮殿が営まれていた。その前王、闔閭は宿敵の越國に敗れたあとに、その越に復讐することを、子の夫差に遺言して世を去った。

夫差は「薪」の上に「臥」して、苦労を重ねて父の遺言を心に刻んだ。紹興の会稽山で越王勾践を破った。今度は勾践が会稽の恥を雪ぐことを誓い、苦い「肝」を「嘗」めて、紀元前四七三年、夫差を倒した。「臥薪嘗胆」である。

中國蘇州の虎丘には呉王闔閭の墓があり、陵墓の傍には「剣池」と刻まれた碑がある。闔閭を葬るとき、銅剣を愛した父のために、夫差が三千の銅剣を副葬して剣池と名付けたと

『司馬遷史記』にある。その葬儀の日、白虎が現れて闔閭の墓を守っていたことから、「虎丘」と呼んだと記され、虎丘の八角七層の傾いた磚瘩《ひとう》は、今は古都・蘇州の名所となっている。

中國全土を統一した秦の始皇帝は紀元前二一〇年、最後の年に会稽山に登り、蘇州虎丘に立ち寄り、呉王夫差が副葬したと思われる銅剣を探索したが、虎が現れて阻止されたとある。越王勾践の銅剣はトルコ石を象嵌した、八字の鳥書銘が記された銘銅剣である。呉王夫差の銅剣にも銘（呉王夫差の剣）と文字が記され、その印字に×印が記されている。これら二大王の銅剣が楚王の陵墓で発見された。

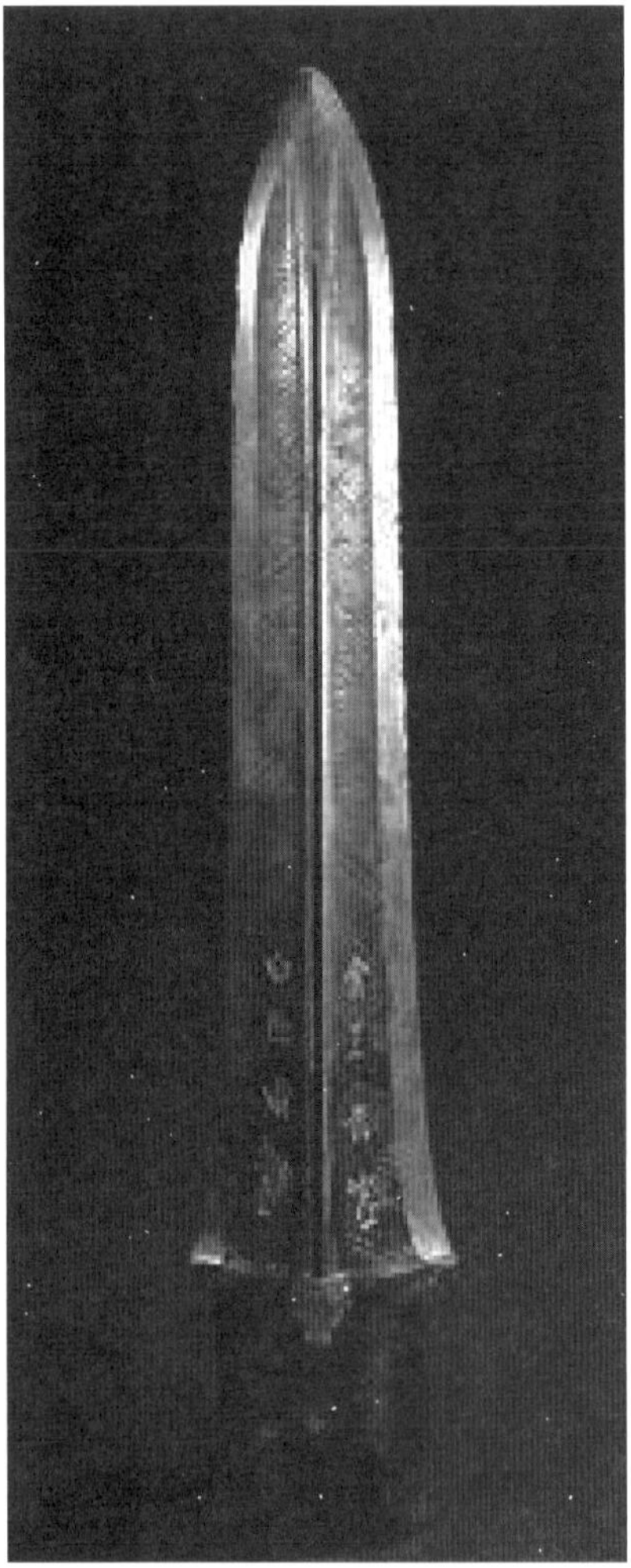

夫差の銘銅剣
蘇州博物館

呉王夫差の剣には×印（呉國の刻印）がある。出雲の荒神谷遺跡から発見された銅剣にも×印がある。これらの銅剣は呉王夫差が埋葬した、剣池の三千本の銅剣ではないだろうか。中國の春秋時代のその昔、揚子江南上流域で呉と越は互いに覇を競い干戈を交えていた。姑蘇臺に移ったのが、呉王・闔閭であり、その末代の王が夫差である。

『魏志』倭人伝、越國には「夏后小康の子会稽に封ぜられ、断髪文身似て鮫竜の害を避けしむ」と出ている。小康とは夏王朝・第六代中興の王で、越王勾践の祖である。揚子江南下流域に位置する王國である。

この呉宮・姑蘇と越宮・会稽の長江流域で覇権を争ったのが、夫差と勾践である。その戦いで敗北し、呉王夫差は自決した。呉の支庶民は東海に逃れ、倭国を目指したとある。紀元前四七三年である。

朝鮮の史書『東国通鑑』に「呉支庶は海に入って倭となる」と記されている。中國史書『梁書』『晋書』にも「倭人は自ら太伯の後と云ふ」と正史に記されている。

大分県の薦神社には古代の呉橋が存在する。薦神社の呉橋は円形状の木造で、屋根付きの一番古い建造物である。それを基本設計として、輪郭を円形に合わせて造る。

石橋の築造は広島県錦帯橋（木造）にて、円周の橋を建設する。それから、石を加工し、円形に削り、組み合わせ、建造して立てる。それが古代の橋造りの極意、秘術とされた。熊本県（肥後）の石橋造りは有名である。熊本県山都町には国宝の通潤橋が存在する。鹿児島県の薩摩藩西田橋も肥後の銘石工、岩永三五郎が築造したとある。

薦神社の呉橋
撮影／著者

そして、皇居の二重橋もしかりである。

紀元前の九州王国には、すでにそれらの技術があり、引き継がれ、現在も数多く遺跡が残存している。

九州の青銅の出土品は目を見張る程に多く、福岡、大分、佐賀、熊本で発掘された多くの青銅器がある。

熊本県でも銅鏡一〇六面（内行花文鏡二六面）、銅鉾一九本、銅剣三本、銅戈一四本、銅銭（半両銭・貨銭）、金環七八個、玉類三三個。銅鈴が出土している。*

＊『たたかいと祈りと』八代市立博物館未来の森ミュージアム

九州には国宝の出土遺跡が数多く存在するが、王冠、勾玉、青銅器や鉄器類が現地保管ではなく、国立博物館や各大学博物館などに多く集められている。このため郷土史の学問や研究に、多大な課題を抱えているのが現状である。

第二九章　九州王国の由来と伝記

倭国王朝の都が王国を形成、縄文・弥生・飛鳥（蓮華）・白鳳の時代を謳歌していた。倭国には一〇〇余国が存在し、その後に三〇国に集約されていった。それらを束ねたのが倭の女王卑弥呼である。

紀元前五世紀頃から、建国の由来や伝記を大まかなルーツを辿りながら、九州の関係年代順に紐解いていきたい。

中國『十八史畧』の呉誌に「太宰銘」が記載された箇所がある。太宰が意味する役職は冠名で、中國の冠名となる。福岡県に太宰府天満宮がある。この太宰銘はいつ頃の地名だろうか。

紀元前六六〇年頃　神武帝が畝火白𣏾原宮に即位。「国造神宮」。

紀元前四七三年　呉國の公子忌が九州に渡来。「銅鉾、銅剣、銅戈、銅鏡」。

紀元前三三四年　越國の荊蛮が出雲に渡来。「銅剣、銅鐸銅鉾」。

紀元前二一五年　秦國の徐福が老若男女の数千人を連れて渡来。弥生遺跡「吉野ヶ里」。

西暦五七年　後漢の光武帝より奴国王へ「漢委奴国王」金印を授（御井・三潴郷）。

西暦一〇七年　中國安帝の永初元年、倭国王・帥升が生口百六十人を献、請見。

西暦二〇〇年　後漢の阿知王が戦禍を逃れて倭国に渡来。「吉備王国」。
西暦二三八年　倭の女王卑弥呼は中國魏朝より、「親魏倭王」の称号と印綬。
西暦四二一年　倭王「讃」が中國南朝の宋に遣使。倭の五王が瀬戸内海海域の国々に九州王権の山城として、神籠石で築城していった。
西暦六〇七年　俀王・多利思北孤（聖徳太子）、遣隋使小野妹子を派遣。「唐裴世清を歓待」。

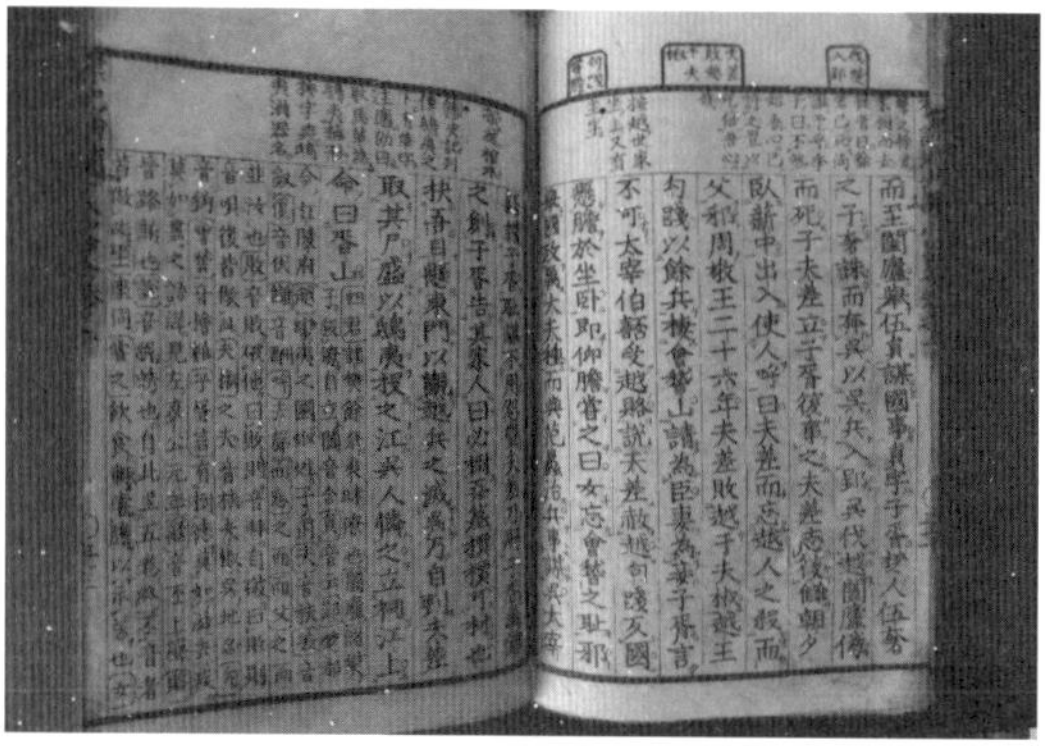

『十八史畧』「太宰銘」
撮影／著者

西暦六六三年　天智帝（薩野馬）白村江で敗戦、薩摩開聞に引退。「筑後鈎殿宮で幼少遊」。

唐、新羅は天武帝を大王に、唐管轄の筑紫都督府を設営。その後、持統女帝の大宝律令となる。

九州の都、阿蘇神宮に存在していた。火の国、八代不知火の妙見宮宮原にも王都が存在した。

筑前宮地嶽神宮、香椎神宮、薩摩鹿児島神宮、霧島神宮、宮崎鵜戸神宮、大分高千穂神宮がある。

高天原の八方ヶ岳や高千穂の峰、国見の山々を有し、王国を形成していった。

中國春秋時代に呉國（姑蘇）と越國（会稽）の長江南流域で覇権を争ったのが、太伯末裔の呉王夫差と越王勾践である。

中國の正史書『梁書』『晋書』に「倭人は自ら太伯の後と云ふ」と記されている。この肥後菊池の臺遺跡に安住した、その詩である。

『太宰管内志』では伊藤常足が肥後菊池郷の部に『島隠集』中巻を引いて、菊池の姑蘇臺の存在を記録していた。

室町時代の京都・南禅寺の僧、桂庵僧作は肥後守・菊池重朝に招聘された。重朝は聖賢《せいけん》の教えを学ぶ、隈府《わいふ》に孔子堂を建て、孔子祭（釈奠）を行った折に、庵僧作が次のように詠んだ。

「霊岩周泉上人赴洛。次天秀翁之韻送別」
霊岩周泉上人《れいがんしゅうせんしょうにん》洛に赴《おもむ》く。天秀翁《てんしゅうおう》の韻《いん》に次《じ》して、別《わか》れを送《おく》る

「春遊我昔洛陽坡」　春遊《はるあそ》ぶ　我《わ》れの洛陽《らくよう》坡《は》
「情為送君添得多」　情君《じょうきみ》を送《おく》るが為《ため》に　添《そ》え得《え》たること多《おお》し
「台閣翬飛五雲上」　台閣《だいかく》に翬《きじ》は飛《と》ぶ　五雲《ごうん》の上《うえ》
「姑蘇麋鹿又如何」　姑蘇《こそ》の麋鹿《びろく》　又如何《またいかん》
「江亭秋色白鷗前」　江亭秋色《こうていしゅうしょく》　白鷗《はくおう》の前《まえ》
「皈客吟詩棹小船」　帰客《きかく》詩《し》を吟《ぎん》じて　小船《しょうせん》に棹《さお》さす
「南国寧無千里友」　南国《なんごく》　寧《いず》くんぞ里《り》の友《とも》無《な》からん
「姑蘇臺上月明天」　姑蘇臺上《こそだいじょう》　月天《つきてん》に明《あき》らかなり

「教徒宗濤公者。長門人也。嘗避乱於本州。而寓跡于肥陽姑蘇之勝境」
教徒《きょうと》宗濤公《そうとうこう》は、長門《ながと》の人《ひと》なり。嘗《かつ》て乱《らん》を本州《ほんしゅう》に避《さ》け、而《しか》して跡《あと》を肥《ひ》陽姑蘇《ようこそ》の勝境《しょうきょう》に寓《ぐう》す

「一出長門経幾年」　一《ひと》たび門《と》を出《い》でて　幾年《いくねん》を経《へ》たる
「姑蘇寓地白雪辺」　姑蘇《こそ》の寓地《ぐうち》　白雪《はくせつ》の辺
「歌詩共有驚人句」　歌詩《かし》　共《とも》に人《ひと》を驚《おど》ろかす句《く》有《あり》
「吟断春花秋月天」　吟断《ぎんだん》す　春花秋月《しゅんかしゅうげつ》の天《てん》

（翻訳）上田誠也氏
〔佐賀県多久聖廟《たくせいびょう》と論語〕

聖獣麒麟
公益財団法人孔子の里

古来、聖獣の多くは聖域を守護する働きが期待されてきた。そこでは青龍、鳳凰《ほうおう》、麒麟《きりん》、白亀が天帝の使者。中國の皇帝たちは死後、麒麟が天界に導いてくれることを信じ、陵墓の前に麒麟の石像を置いた。特に麒麟は孔子ゆかりの動物で、孔子を祀るところには必ず麒麟がいる。

中國では紀元前四八一年魯の時代まで遡る。ここ多久聖廟には一対の麒麟像があり、最初に造形されたものと云われている。孔子は前五五二年に誕生、伝記は『史記世家』に収められている。呉越の争覇はその八十年後の事件であ

る。いにしえの論語が現在も詠われている。
九州王国の国見岳（山）を次のように記す。

歴史家・阪本直作成

番号（座）	岳（山）名	標高（メートル）	地域名	1／25000地図名
一	国見岳	九九六	熊本県玉名郡玉東町木葉	木葉岳（虎歯）
二	仝	一七三九	熊本県矢部町／泉村／椎葉村	山都岳
三	仝	一三四七	長崎県島原町／小浜市	雲仙岳
四	仝	一〇八八	熊本県高森町／高千穂町	祖母岳
五	仝	一〇三一	熊本県東陽村	宮園岳
六	仝	八一六	佐賀県嬉野町／長崎県東彼杵郡	古枝岳
七	仝	七五〇	宮崎県須木村	田代ケ八重岳
八	仝	六四九	鹿児島県栗野町	栗野岳
九	仝	四九六	佐賀県伊万里市／松浦市	楠久岳
十	仝	三九六	鹿児島県枕崎市	枕崎
十一	仝	九九〇	佐賀県高木町	多良岳
十二	仝	一七七	佐賀県伊万里市／松浦市	伊万里
十三	国見山	一二七一	熊本県五木村	宮園山
十四	仝	一二九九	熊本県あさぎり町	白髪山

十五	全	一〇一八	熊本県鹿北町／菊鹿町	宮乃尾山
十六	全	九八一	熊本県山江村／坂本村	中津道
十七	全	九六九	熊本県球磨村	大関山
十八	全	九〇二	熊本県水俣市／芦北町	大関山
十九	全	三八九	熊本県鹿央町	来民
二十	全	一〇九二	佐賀県北方町	祝子川
二一	全	一〇三六	宮崎県西都市	三納山
二二	全	八八六	鹿児島県内之浦町／高山町	内之浦
二三	全	八六七	大分県日田市	大行事
二四	全	八〇〇	鹿児島県大口市／人吉市	大塚山
二五	全	七九六	宮崎県えびの市	肥後大畑山
二六	全	七七六	長崎県世知原町／佐賀県西有田町	蔵宿山
二七	全	六三八	福岡県築上町／椎田町	下河内山
二八	全	四〇七	宮崎県高城町／高岡町	有水山

全国に国見岳・山が五九座、そのうち二八座が九州に存在し、十一座が熊本ある。

九州の各市町村名は合併前の旧名称で表記している。国見山の二一座・二五座は「くにみさん」、他は「くにみやま」と読む。「国見」の発祥は九州に見える。『古事記』『日本書紀』

にも「国見岳・山」の詩がある。

『万葉集』巻一、巻二は筑紫の大王が詠んだ九州の詩から始まる。

「山門には　邑山あれど　とりよろふ　天の香具山　登り立ち　国見をすれば　国原は煙立ち立つ　海原は　鷗立ち立つ　うましくにぞ　あきづ島　倭国は」、舒明帝（天智帝の父）が詠んだ詩で、九州王国には万葉の題材である国見岳の山々が連なっている。

第三〇章　壮大なる交流（玉璧、十八史畧）

『十八史畧』は中國の史書。中國元の曾先之《そうせんし》撰二巻からなる。

太古から宋時代に至るまでの歴史を『史記』、『新五代史』までの『十七正史』に『宋史』を加えた十八史を総資料にまとめ、記述したものである。『十八史畧』の通行本は明國の陳殷《ちんいん》の音釈、劉剡《りゅうえん》の標題、班の点校を付した、全七巻にまとめられている。

日本では室町時代～江戸時代にかけて、国学者や歴史家に読まれ、明治時代には漢文教科として、初学の入門書として、最も重要視された書物である。

『論語とソロバン』（渋沢栄一著）では生活の基準書として、論語を已まず購読していたとある。五百数社の会社を持ち、金銭に糸目をつけず、多くの妾女を養っていた。後世に残る令和の紙幣に、平成の財務大臣と日銀総裁が決定した。

『十八史畧』とは中國『史記』を始めとして、十八の歴史書を素材とし、それまでの歴史を概説、略述しながら、編纂した書物である。*

中國の歴史は途轍《とてつ》もなく膨大である。『史記』から『明史』までの二十五史は巻数になおすと、三千数百巻になる。これらをすべて読むことは不可能に近い。

中國の古い歴史書であるにもかかわらず、日本では室町頃から江戸、明治、昭和時代まで

『十八史畧』（七巻）
永田誠氏

教科書として、幅広く読まれてきた。

＊室町時代編纂の『十八史略』

これを編纂したのは南宋の文官・曾先之である。彼はこれらの正史を読破して、重要な部分を抜き出し、通史を完全な形で、組み立て直して編纂した。

春秋戦國の周武王（姫姓）、呉・仲雍王（姫姓）の太伯や冠位太宰などが記述されている。

玉璧について、次の様にある。百余國の倭王たちが居た頃、弥生時代の王墓からの出土遺物である玉璧は宮崎県串間市の王之山より出土したとある。

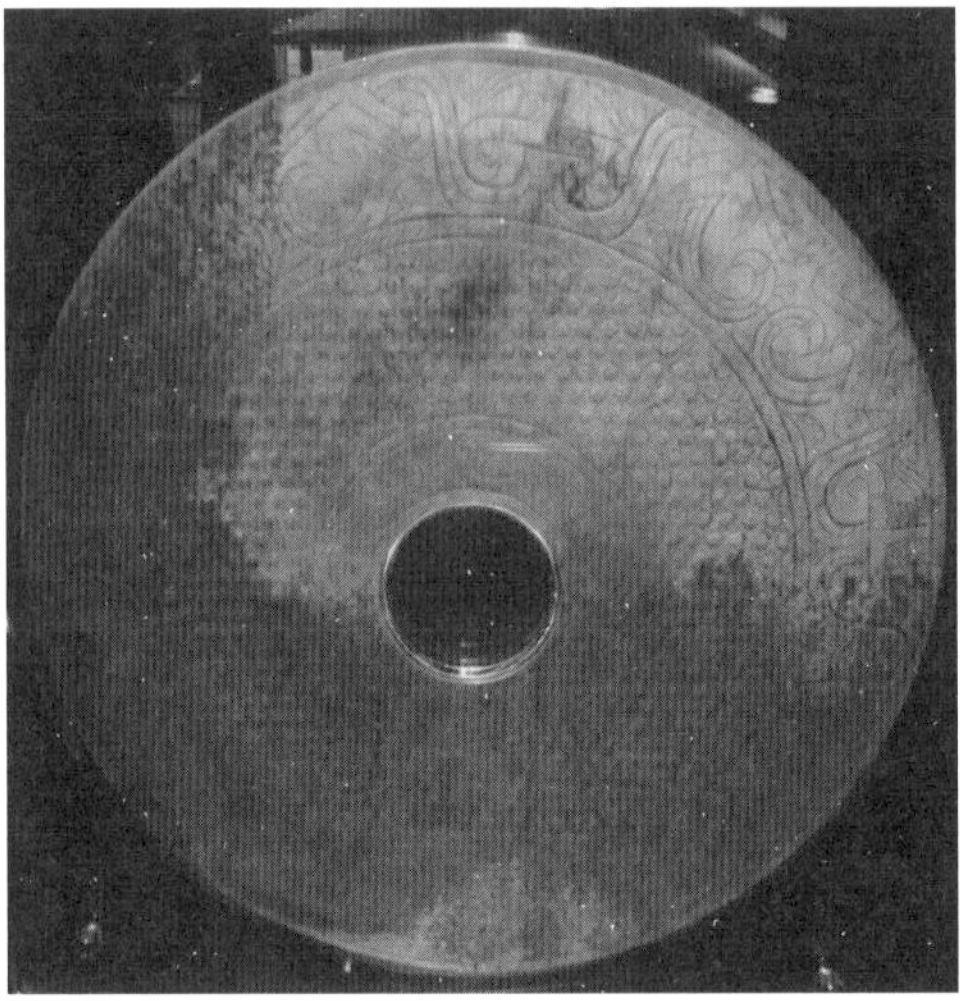

西都原考古博物館の玉璧（レプリカ）
撮影／著者

古代中國において作られた玉璧は平面形をした、円盤形で中心に穴がある。中國では侯王を名乗れる人が持つものであった。鹿児島県の曽於郡に隣接した処には志布志市の大型古墳群がある。

玉璧には籠目文があり、籠目が穀物の粒々が並んでいるように見えることから、穀璧とも呼ばれた。

鹿児島県種子島の広田遺跡からはオニニシ製腕輪が出土している。その貝輪に施された独特の文様は古代の中國の青銅器や玉璧に見られる、饕餮文《とうてつもん》と考えられる。その饕餮文が流行した中國の殷周～春秋戦國の玉璧に類似している。

広田遺跡は弥生期併行であるが、宮崎県串間市の玉璧文様と同じであり、これらとの関連性が際立っている。宮崎県串間市と鹿児島県の種子島は海域では隣接しており、何らかの交流があったものと思われる。＊

＊宮崎県立西都原考古博物館

この玉璧が中國前漢時代の南越王墓から出土しており、その品と対比されている。紀元前四世紀、南越は中國長江流域の広州市に存在した國であり、この玉璧が最高の造形品として、位置づけられている。

オオニシ貝製の腕輪
鹿児島県歴史資料センター黎明館

古代の周は紀元前一〇五〇年頃に殷を滅ぼすと、紀元前二四九年まで、（秦の始皇帝に滅ぼされるまで）、約七八〇年間続いた王権である。春秋戦國時代は日本の縄文期から弥生期頃に当たる。周の天子が封侯王に与えたのが玉璧であり、籠目の独特な文様文字をもたらした、この宮崎県串間市に封國の侯主（越中の前田家）が居たことになる。九州ではゴホウラやイモガイなど南海産の巻貝でつくられた腕輪が古墳の副葬品として発掘されている。

大津町歴史文化伝承館に神鉾と銅権がある。

銅権《どうけん》は銅の計器であり、菊池郡大津縣で出土し、陣内遺跡から神鉾（大銅鉾）、真木遺跡の銅戈二本も発見されている。国學院大學博物館の大型銅鉾も肥後傳とされている。

阿蘇麓の淡海〝大津京は天智帝の子・大伴王子（弘文帝）が留守居役を務めて支配していた。

白鳳三年（六六三）は白村江の戦いで、筑紫の君、薩野馬《さちやま》（天智帝）は唐・新羅の捕虜となり、九州王国は滅びた。唐王朝は大宰府に都督府を開府して、天武帝の管理下に置いた。その後は大宝律令を制定して、国家を安定させた。

天智帝は白村江敗戦の責任を取り、薩摩の開聞岳に隠居した。ここで瑞照姫（王后大宮）と共に過ごし、七九歳の生涯を閉じたと、薩摩枚聞《ひらきき》神社の由緒記にある。

薩摩、大隅国には天智帝を祭神とする神社が多い。釜蓋《かまふた》神社や薩摩川内市と志布志市の大宮神社がある。大隅国の肝付、志布志に大王の唐人大塚古墳・一五四メートルや横瀬古墳・一四〇メートルの大型古墳がある。

南九州は越・呉國との繋がりが存在すると、鹿児島神宮の由緒記も示唆している。

熊襲の語源は『古事記』のイザナギ、イザナミの国生みで登場する。九州の四つ国は筑紫国、豊国、肥国、熊曾国と記されている。熊曾国が霧島・熊襲（球磨）の居住地で薩摩隼人族の王国である。

長崎県対馬市の大綱遺跡から中広形銅鉾一〇〇本（東京国立博物館蔵）が出土、銅鉾の島として、有名である。

福岡県春日市の小倉新池遺跡から、中広形銅戈の一五本（京都国立博物館蔵）、須久岡本遺跡D地点から銅剣二本・銅鉾五本・銅戈一本が出土している。

佐賀県宇木汲田遺跡からは銅鉾、銅剣、銅戈、銅鏡、勾玉や管玉など、多彩な出土品がある。大分県臼杵市の中尾坊主遺跡から広形銅鉾七本（京都国立博物館蔵）、大分市浜遺跡から中細形銅剣三本（京都国立博物館蔵）が出土している。

熊本市植木轟遺跡から中細形銅鉾四本（京都国立博物館蔵）。小国町の若宮神社から銅戈四本。山鹿市新御堂・方保田東原から巴形銅器二本。玉名郡江田船山古墳から神人車馬画像鏡を含む六面と三環銅鈴一個（東京国立博物館蔵）。宇城市向野田古墳から方格規矩鏡含む三鏡と鉄剣・鉄刀が出土している。

これらから推察するに九州王国の遺跡や古墳からの主な出土品が、中央の各博物館に蔵されている現状は異常である。

宮崎県美郷町南郷に西の正倉院と百済の館がある。韓國の「扶餘」王宮祉の文化館である。神門神社には百済王族の遺品と称される銅鏡三三面がある。

その中には正倉院南倉三七号銅鏡、東大寺大仏殿の唐花六花鏡、長屋王邸出土鏡の瑞雲双鸞八花鏡があり、伊勢湾の弧島神島にある八代神社鏡も同型銅鏡である。

天智帝が百済滅亡後に移民たちを蒲生郷に住まわせ、此の郷が宮崎県美郷南郷であった。『古事記』の神話で、九州の筑紫嶋は「身一つにして面四つあり。面毎に名あり」とされ、「九州」と名付けた。古代の発祥はやはり、九州王国であった。

あとがきにかえて

歴史は過去に遡る。そして、過去も未来に繋がるものでなければならない。

その一つ一つを紐解いて解決して、究明していかないと前には進まない。しかも誰にも見えない、未来を確かなものにするには、過去、現在を追求し、真実を探求することが重要である。

それらが未来に繋がる。現在の教訓を知りつつ、過去に学ぶのではないだろうか。

現代の渾沌たる様相を、七世紀の初めに「預言」をした人がいる。それが聖徳太子である。未来の人々に向けて遺したと云われている、『未来記』『未然記』の二つの預言書がある。両書が、時の権力者によって焚書、隠匿されてきたため、長い間、謎のまま極秘にされてきた。ところが二つの書物には現代を預言する内容が記されていたことが、明らかになった。聖徳太子の本は人類の目覚めを促すために、「すべての事態を未然に防ぐ」という意味が込められていて、『未然記』と命名された。

「和もつて尊としとなす」、この語句が様々な混乱や紛争差別をなくす。聖徳太子のこの言葉こそが、我々が直面している問題を解決していく上での、最大の「教訓」で、世界平和のための「教訓書」なのです。

聖徳仏舎利殿
霊来名廣福寺

ゲーテの言葉に

何人といえども、何事かについて最初に気づくこと、いわゆる発見の喜びを我々から奪うことはできない。同時に名誉をも要求するならば、一切を台無しにしてしまうだろう。

歴史書を書く上で、最初ということはないからである。発見とは何を意味し、自分だけが、あれこれのことを発見したということはできない。先取権について自慢するなど、全くの愚行にすぎないからだ。先人の教えを尊び、遺記することが我々には課されている。

西暦二〇二三年、この本を出版する際に、熊本城祉（千葉城町）の横穴古墳群の中から、西暦六〇四年記銘の象嵌太刀が発見された。

九州王国には聖徳太子に纏《まつ》わる、多くの証跡が存在する。用明帝・推古女帝と、続く倭大王家の繋がりもある。

中國暦では開皇二〇年（六〇〇）、俀王、姓は阿毎、字は多利思北孤（聖徳法王）がこの地に君臨していたとあり、この発見も不思議な縁である。

私の故郷であり、特に感銘を受けた次第です。

最後になりましたが、本書の刊行にあたりまして、多くの方々にご協力、ご尽力を賜りましたこと、重ねて厚く御礼を申し上げます。

二〇二四年三月

著者記

関係年表

西暦	中國	倭国	朝鮮
前一六〇〇	商の湯王、夏王朝を滅、商（殷）建國。		
前一五〇〇	「古蜀」王の蚕叢が建國、養蚕文化。	福岡県遠賀川「山鹿遺跡」の呪術師（巫女）の亡骸。	
前八〇〇	「古蜀」王の開明が三星堆に遷都。青銅文化。		
前六六〇		天照大御神の治世。海幸彦・山幸彦。	
前六三〇		天津日高日子彦波限建鵜葺草葺不合尊《宇志大王》と玉依毗売命婚。	
前六〇〇		神武帝が阿曾峰に遷都。阿蘇倭王家の初代は宇志大王。	
前五五〇	春秋時代の長江下流、呉越戦禍。三星堆より青銅文化。		
前四九四	呉王夫差が越王勾践を滅。		
前四七三	勾践が夫差を滅。公子忌は東海に逃避渡来。	九州国に渡来。	
前三八〇	戦國の楚が越滅。越・支庶は東海に逃避渡来。	出雲国に渡来。	
	秦の始皇帝が中國を統一。徐福は吉野ヶ里に渡来。		

前二二一	前漢を劉邦が建國。		
前八	王莽が新を建國。	新の貸銭が吉備・高塚古墳で二四枚発掘。	
二五	光武帝が後漢を建國。		
五七		倭奴国王が朝貢、志賀島金印を授与。	新羅第四代・脱解尼師今（王）は倭国の多婆那で生。旧名は惜氏。
一〇七		倭国王の師升が上奏、朝貢。	
一七〇		印度國の貴明王と神武姉命が婚姻、日御子命（卑弥呼）誕生。	
一九〇		神武帝の長子・日子八井命が日御子命と婚姻、阿蘇津姫命誕生。	
二二一	三國時代（魏・呉・蜀）。		
二三八	魏帝が帯方郡支配。	邪馬臺国の卑弥呼が魏明帝に朝貢。	
二六五	魏司馬炎が西晋建國。	女王壱輿が西晋に上奏。	
二八五			百済の和仁が「千字文」、『論語』を倭王に献上。
二九〇		崇神帝（ミマキイリヒコ）イリ王朝を建国。	
三〇〇		第八代孝元帝の孫・武内宿禰尊誕生、長子・荒木田襲津彦命。	

三六二		仲哀帝崩御、神功王后が朝鮮半島に攻。	
三六九		応神帝（ホムタワケヒコ）ワケ王朝を建国。	
三九一			高句麗「広開土王碑」、倭軍五万が新羅、百済を滅。
四二〇	武帝劉裕が宋を建國。	五王の讃が宋國に上奏、倭王に任命。	
四三八		五王の弟珍に都督府・安東大将軍・倭王に宋が任命。	
四四三		五王の済に安東大将軍・倭王に宋が任命。	
四六二		五王の興に安東大将軍・倭王に宋が任命。	
四七八		五王の武に都督府・六国諸軍事・安東大将軍・倭王に宋が任命。	
五〇三			百済武寧王が倭王武（磐井）、男弟王（大伴談）に隅田八幡鏡。
五一二		磐井王の忠臣大伴金村が朝鮮任那府、四縣を百済に割譲。	
五二二		善記元年、九州王国の年号。	
五二七		正和二年、磐井大王の乱。継体王（大友談）治世。	

五三五		教知五年、欽明帝が即位。蘇我稲目、支援。	
五三八			百済聖明王が即位。（倭）倭国に仏像、経論を献上。
五五四	聖明王崩御。恵王子は倭国に遺骨をもち、稲佐山に埋葬した。		
五六二			新羅が任那倭府を滅。
五八一	文帝が隋朝を建國。		
五八三		鏡常三年、用明帝が日羅上人を償還。聖徳太子が日羅と会見。	
五八七		照勝三年、磯上物部の乱。蘇我馬子、聖徳太子が政戦。	
六〇一		願轉元年、聖徳太子は斑鳩宮を造営。ペルシャ語で神の使いの宮。	
六〇七		俀王は麴池城で遣隋使・小野妹子と隋の裴世清を歓待。	
六一八	高祖（李淵）唐朝を建國。		
六二二		倭京縄五年、聖徳法王が崩御。	
六四五		明長六年、乙巳の変、蘇我氏滅。中臣鎌足と中大兄皇子。	
六四七			新羅の第二九代武烈王（金春秋）が来日。

六五四		天武王が胸形君・徳善の女・尼子娘を嫁、子が高市王。	
六五六		天智帝の女・太田娘を天武帝に嫁、後の持統女帝も同嫁。	
六六一		白鳳元年、斉明女帝が筑紫朝倉宮で崩御。	
六六三	白村江の戦い、唐の都督府設・新羅軍。		百済滅亡。
六六八		天智帝即位、淡海大津京に遷都。	
六七二		白鳳十二年、壬申の乱、天武帝即位、都督府長官、兼務。	
六八六		大化元年、天武帝が崩御。	
六九四		大長三年、持統女帝、御井藤原京に遷都。	
七〇一		大宝律令。内大臣藤原不比等が支援。	
七〇五	唐の則天武后が崩御。		
七一五		藤原京の持統女帝が崩御。	
七三四	吉備眞備遣唐使帰朝する。		
八九四		遣唐使廃止。(菅原道真)	
九〇七	唐滅亡。	大倭国・日本国の統治が終る。	

大宝以降の時代事変については、太宰府天満宮の史書による。年号は九州年号で記載。

主要参考文献

荒木信道『卑弥呼の陵墓江田船山古墳の真実』幻冬舎ルネッサンス　二〇一三年
中原英『太古の湖「茂賀の浦」と「狗奴国」菊池』熊本出版文化会館　二〇一六年
堤克彦『菊池川流域の原始・古代の解明』熊本郷土史譚研究所　二〇一一年
菊池秀夫『邪馬台国と狗奴国と鉄』彩流社　二〇一〇年
藤井綏子『九州ノート（神々・大王・長者）』葦書房　一九八五年
永井正範『神籠石は九州王朝の城だった』講演誌　二〇一五年
室伏支畔『薬師寺の向こう側』響文社　二〇一五年
中丸薫『闇の世界権力をくつがえす日本人の力』徳間書店　二〇〇四年
竹内康裕『「竹内文書」と神秘秘伝の術事』徳間書店　二〇一五年
宝賀寿男『葛城氏』青垣出版　二〇一二年
朴炳植『日本原記』情報センター出版局　一九八七年
平野雅曠『火ノ国山門』一九九六年
内倉武久『太宰府は日本の首都だった』ミネルヴァ書房　二〇〇〇年
隈昭志『長目塚と阿蘇国造』一の宮町史編纂委員会　二〇〇五年
稲垣富夫『万葉のふるさと』右文書院　一九八七年
一島英治『万葉集にみる酒の文化』裳華房　一九九三年
津田左右吉『古事記及び日本書紀の研究』毎日ワンズ　二〇二〇年
古田武彦『失われた九州王朝』朝日新聞出版　一九七三年
松本清張『小説と古史への旅』日本放送出版協会　一九八三年
網干善教（ＮＨＫ取材班）『飛鳥川原寺』日本放送出版協会　一九八二年
勇知之『西南戦争と博愛社創設秘話』日本赤十字社熊本県支部　二〇一〇年

春木秀映、春木伸哉『青年地球誕生』明窓出版　一九九九年
丸山雍成『邪馬台国魏使が歩いた道』吉川弘文館　二〇〇九年
沖田英明『荒木宗太郎と阮福源』湘南社　二〇一九年
江上波夫『聖獣伝説』講談社　一九八八年
高木正文「肥後における装飾古墳の展開」一九九九年

公引用文献

『十八史略訓蒙』（一～八巻）藤原正臣　藤井孫兵衛　一八七五年
『東大寺要録』筒井英俊編　国書刊行会　二〇〇三年
『東日流外三郡誌』東日流外中山史跡保存会、八幡書店　一九八九年
額田寺伽藍並条理図　国立歴史民俗博物館研究報告　二〇〇一年
うてな遺跡　熊本県文化財調査報告書第一二一集　一九九二年
方保田東原遺跡　山鹿市立博物館調査報告書第二集　一九八二年
小野崎遺跡　菊池市文化財調査報告書第一集　二〇〇六年
吉野ヶ里遺跡　佐賀県立博物館　二〇二〇年
玉邪名・傳左山古墳　玉名市立歴史博物館こころピア　二〇一三年
『国郡一統志』北嶋雪山　青潮社　一九七一年
『国宝の美』彫刻２　飛鳥・白鳳の仏像　朝日新聞出版　二〇〇九年
国宝　翰苑の世界　大野城 心のふるさと館　二〇二一年
古代九州の国宝　九州国立博物館　二〇〇九年
『中国の歴史』（中国中学校歴史教科書）明石書店　二〇〇一年
『たたかいと祈りと』（青銅器）八代市立博物館未来森のミュージアム　一九九三年
『百余国の〝王〟と『王之山』の玉壁』宮崎県立西都原考古博物館　二〇二一年

『香椎宮御由緒』　香椎宮社務所　一九八三年
『大宰府・太宰府天満宮史料』巻一　太宰府天満宮　一九六四年
『阿蘇神社由緒略記』　肥後国一の宮阿蘇神宮　西暦前五八五年
『天皇陵を訪ねて・京洛千年紀』　渡会恵介　文化評論社　一九八三年
中国5000年の謎・驚異の仮面王国（三星堆遺跡）　世田谷美術館　朝日新聞社　一九九八年
古代来朝人考・御三卿系譜草稿　鈴木真年　一八九〇年
埋もれた古代氏族系図：新見の倭王系図　尾池誠　一九八四年
『東大寺要録』　筒井英俊　図書刊行会　二〇〇三年
『大津町史』　熊本県大津町　一九八八年
『大王の棺を運ぶ実験航海　研究編』　石棺文化研究会　二〇〇七年

写真提供

木造毘沙門天立像（六世紀）　明言院、熊本県八代市興善寺町
絹本著色聖徳太子勝鬘経講讃図　文化庁文化遺産オンライン図
荒神谷遺跡の銅剣・銅鉾　島根県教育委員会
聖徳仏舎利・誕生仏　廣福寺（熊本県玉名市）
遥拝宮の玉依姫神像　玉名大神宮（熊本県玉名市）
円臺寺村の薬師如来像　熊本県熊本市教育委員会
玉垂宮縁起絵　大善寺玉垂宮（京都国立博物館）
青銅器・玉璧・鼎・錘　上海博物館
銅剣・銅鉾・銅戈・銅鏡　蘇州博物館
三星堆　長江文明『古蜀の歴史』　四川博物館
金銀錯狩猟文鏡・聖徳乃白式尉　永青文庫

玉璧（穀璧）　西都原考古博物館（前田育徳会）
銅造八鈷鈴（六世紀）　荒木田氏家・個人蔵
武人埴輪（五世紀）　荒木田氏家・個人蔵
『十八史畧』巻一～七（室町編纂）　荒木田氏家・個人蔵

【著者紹介】

荒木信道［あらき　のぶみち］

（系譜）荒木田伊勢（字）傳左衛門（諱）1951年、熊本県生れ。辛卯乃壽。1973年、関東学院大学工学部（大道寺達内燃機関研究室機械工学科）卒業。2013年、日本系列会社退職。2023年、古代史の研究調査。新たなる歴史を蘇らせる学問と活動。著書:『卑弥呼の陵墓　江田船山古墳の真実』（幻冬舎ルネッサンス新社）、『蒙古襲来の新諸説』（幻冬舎メディアコンサルティング）。趣味:バイクとゴルフ、麻雀と将棋。菊池川流域地名研究会会員。熊本歴史学研究会会員。全国邪馬台国連絡協議会会員。漢学・時習館沙龍講。

日本古代史《にほんこだいし》の誕生《たんじょう》・九州王国《きゅうしゅうおうこく》の真実《しんじつ》

著者
荒木信道《あらきのぶみち》

発行日
2024年3月25日

発行　株式会社新潮社図書編集室
発売　株式会社新潮社
〒162-8711 東京都新宿区矢来町71
電話 03-3266-7124（図書編集室）

組版　森杉昌之
印刷所　錦明印刷株式会社
製本所　加藤製本株式会社

ISBN978-4-10-910275-9 C0021
価格はカバーに表示してあります。